高校思想政治工作队伍培训研修中心（厦门大

理｜论｜与｜实｜践｜丛｜书

奋进新征程　共圆中国梦

——厦门大学港澳台学生征文集（2018—2021年）

主　编：徐进功

副主编：李　峰

厦门大学出版社
XIAMEN UNIVERSITY PRESS
国家一级出版社
全国百佳图书出版单位

图书在版编目（CIP）数据

奋进新征程 共圆中国梦：厦门大学港澳台学生征
文集：2018—2021年 / 徐进功主编. -- 厦门：厦门大
学出版社，2022.12
（高校思想政治工作队伍培训研修中心（厦门大学）
理论与实践丛书）
ISBN 978-7-5615-8837-6

Ⅰ. ①奋… Ⅱ. ①徐… Ⅲ. ①厦门大学－思想政治教
育－文集 Ⅳ. ①G641－53

中国版本图书馆CIP数据核字(2022)第227763号

出 版 人　郑文礼
责任编辑　高　健
出版发行　厦门大学出版社
社　　　址　厦门市软件园二期望海路39号
邮政编码　361008
总　　　机　0592-2181111　0592-2181406(传真)
营销中心　0592-2184458　0592-2181365
网　　　址　http://www.xmupress.com
邮　　　箱　xmup@xmupress.com
印　　　刷　厦门兴立通印刷设计有限公司

开本　720 mm×1 000 mm　1/16
印张　15.75
插页　8
字数　250 千字
版次　2022 年 12 月第 1 版
印次　2022 年 12 月第 1 次印刷
定价　88.00 元

厦门大学出版社
微信二维码

厦门大学出版社
微博二维码

编 委 会

主 编

徐进功

副主编

李 峰

编 委

刘俊英　许美霞　杨文安

郑 音　柯秋梦　黄诗雨

2022 年 9 月，校党委书记张荣、副校长周大旺、党委常委孙理看望港澳台学生迎新志愿者

2022年6月，校长张宗益在学生代表座谈会上与港澳台学生交流

2022 年 9 月，校党委副书记徐进功参加"行远"港澳台学生骨干培养计划暑期社会实践分享会

　　2020 年 11 月，时任校党委副书记赖虹凯参加第 51 期辅导员沙龙，就国际学生和港澳台学生教育管理工作进行研讨交流

2022年4月，厦门大学荣获教育部港澳台学生主题征文活动优秀组织奖

2018 年 6 月，经济学院港澳台学生社会实践队赴广州考察

2019 年 7 月，学校组织台湾学生参加"两岸情缘薪火传承　文化茅台创新发展"暑期社会实践

2020 年 10 月，学校组织港澳台新生参加"走进厦门 City Tour"活动

2020 年 10 月，学校组织台湾学生参加第四届台湾大学生敦煌文化研习营活动

2020 年 11 月,
在翔安校区组织开展
优秀港澳学生代表交
流分享会活动

2020 年 12 月,厦门市高校"港澳学生看厦门"实践考察活动

2020 年 12 月，厦门高校港澳学生"美丽中国闽西行"活动

2021 年 5 月，外文学院港澳台学生在"学党史　唱红歌"文艺汇演中演唱《我的中国心》

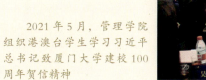

2021 年 5 月，管理学院组织港澳台学生学习习近平总书记致厦门大学建校 100 周年贺信精神

2021年7月，外文学院港澳台学生"同心笃行"暑期社会实践队前往长汀

2021年7月，学校组织台湾、香港学生参加2021年中华青年民族学习交流活动

2021年11月，厦门高校港澳学生"同心·逐梦"活动

2021 年 12 月，学校组织台湾学生参加海峡两岸民生气象论坛

2021 年 12 月，学校组织台港澳学生开展国情教育活动

2022年7月，学校举办第一期"行远"港澳台学生骨干培养计划开班暨社会实践出征仪式

2022年8月，港澳台学生社会实践队在宁夏隆德开展调研

2022年9月，学校组织港澳台学生参与《光辉旗帜　时代榜样——"嘉庚精神宣传月"特别节目》录制

前　言

　　厦门大学地处中国东南沿海，与香港、澳门比邻，与台湾隔海相望，对港澳台交流有着得天独厚的地理条件和难以替代的人文优势。近年来，随着综合办学实力的增强和海外知名度的提升，厦门大学已成为港澳台学生赴内地（大陆）求学的首选高校之一。多年来，学校全面贯彻党的教育方针，落实立德树人根本任务，以培养担当民族复兴大任的时代新人为使命，立足港澳台学生实际，发挥综合性大学的办学优势，以"课程教育厚植家国情怀、社会实践提升民族自信、趋同管理促进融合发展、特色活动激发责任担当"为中心，打造"四轮驱动"的特色教育管理体系，培养造就了大批心系国家、德才兼备的港澳台青年人才。

　　自2018年起，教育部港澳台事务办公室每年组织高校港澳台学生主题征文活动。厦门大学的港澳台学生结合国家发展和个人成长，积极参与、踊跃投稿，四年间厦门大学共收到在校生和毕业校友征文336篇。作为国家发展的见证者、受益者、参与者与贡献者，他们或以自身的切实感受，或聚焦历史变迁，或围绕重要节点，用文字记录所见、所闻、所想，讲成长之路、述亲历之事、抒感恩之心、明肩头之志，传递了港澳台学子与国家血脉相连、同呼吸共命运的真挚情感，抒发了港澳台学子对中华民族伟大复兴的坚定信心，明确了面对新时代、新使命、新征程的神圣担当。征文文体丰富、文采斐然，感情抒发自然、真挚动人，部分篇目获得教育部表彰。本书选取征文活动中的部分优秀作品，展示厦大港澳台学子爱国奋进、拼搏担当的精神风貌。

　　2021年4月6日，习近平总书记致信祝贺厦门大学建校100周年，充分肯定了学校鲜明的办学特色和对中华文化海外传播的积极贡献，并对厦门大学下一个百年发展提出新要求，希望我校为增强中华民族凝聚力和向心力，为全面建设社会主义现代化国家、实现中华民族伟大复兴的中国梦作出新的更大贡献。《奋进新征程　共圆中国梦》正是为落实习近平总书记贺信精神、引领更多厦大港澳台学子筑牢中华民族共同体意识、坚定融入国家发展大局而出版。期待厦大青年学子以总书记贺信精神领航，感悟初心，增强信心，坚定决心，在海峡两岸暨港澳交往交流中，交心交融，求学求知，担时代之责，圆中国之梦，为中华民族复兴大任奉献青春力量！

本书编辑过程中得到了学校领导的关心、兄弟单位的支持，也得到了高校思想政治工作队伍培训研修中心（厦门大学）的帮助；在文字编审工作中，黄佳佳老师、王亚群老师、曹立新老师和任慈老师提出了宝贵意见，颜雪琪、唐晓宇、朱燕、邓家乐、孙千雯、施钰琳、罗乔文等七位同学参与文字校对工作，在此一并表示感谢。由于水平有限，本书的不足之处，敬请广大读者提出宝贵意见和建议。

编委会

2022 年 8 月

目
录

民族情　复兴路

同心共筑中国梦

不负青春　不负韶华　不负时代

回首百年奋斗路　迈向复兴新征程

奋进新征程

共圆中国梦

民族情　复兴路

从游之道[*]

人文学院　汉语言文学　2016级本科　台湾　戴嘉琪

1931年，梅贻琦先生执掌清华，开宗明义教育之道——"所谓大学者，非谓有大楼之谓也，有大师之谓也。"一梅傲雪，华夏芳香。毋庸置疑，梅先生是教育大家。在众人呐喊"华北之大，已经安放不得一张平静的书桌"之际，梅先生挽国民教育既倒之狂澜，做民族教育中流之砥柱。梅先生自美国归台后，在新竹复校清华，如今园内梅林蓊郁，梅墓北望。

一笔写不出两个清华，一水阻不断两岸同源。久嗅梅香的我，秉承先生遗风，跨越浅浅的海峡，赴大陆追随大师们的足迹，搭乘大学的列车，尽赏大陆的精彩。

读着舒婷的《致橡树》，从宝岛向西约200公里，我踏上了厦门的沃土。"我必须是你近旁的一株木棉，作为树的形象和你站在一起。根，紧握在地下；叶，相触在云里。"而这里和我的家乡又何尝不是呢？峡湾之下，是"陆""岛"同根的紧握；往来之间，是同胞内心的相触。不须作攀缘的凌霄花，因为我们一同绚烂；不必作痴情的鸟儿，因为我们一同歌唱。

多数内陆同学来厦大赏海景学堂，而岛屿上的娃儿，从小就在海边长大，自然不觉新奇。如果再常去日月潭，便更不觉海景新鲜。日月潭的美，似乎在于日月同辉之曜，有日光的雄，也有月光之柔。刚柔并济，翩若惊鸿，婉若游龙。离家在外，时常会想起我们那形如一弯新月的宝岛；羁旅大陆，身边密布着祖辈提及过的"东方红，太阳升"的氛围。猛地一阵恍惚，如若二者中和，该有多么美好。因为，日月呈"明"，一束光打在脸上，暖暖的。

＊　本文获评教育部2018年港澳台学生主题征文活动二等奖。

　　登上鼓浪屿，看碧波热烈拥抱着矗立的礁石，飞溅起浪花。可是，那浪花唤起了一首歌，大概在唱"浪是那海的赤子，海是那浪的依托。每当大海在微笑，我就是笑的旋涡。我分担着海的忧愁，分享海的欢乐。"浪，是大海汹涌欢腾的结果。一潭死水，必然没有波浪。来大陆求学的我就好像是一朵"浪花"，漂泊着，却有四散活跃的生机；大陆这片广阔的海翻腾着，呼唤着，无数朵浪花盛开在岸的边缘。

　　说起浪花，想起另一位我敬爱的大师余光中先生的《钟声说》。"大江东去，五十年的浪头不回头／浪子北归，回头已不是青丝，是白首／常青藤攀满了北大楼／是藤呢还是浪子的离愁"。我曾一路北上，赶赴余光中先生笔下的金陵南京。印象中，那里的街巷应该是"杏花、春雨、江南"。抵达后更有新的体悟。秦淮河畔早已不是怨女的哀声、灯光璀璨的夫子庙、往来摩肩接踵的人群，倒仿佛是郭沫若先生笔下"天上的街市"了。中山路上，梧桐苍翠，总统府的大牌坊巍然矗立，那里不仅是蒋介石的官邸，更是中华历史的物证。还有葬于钟山之上的中山先生，沿着博爱广场向上攀登——民族啊！民权哟！民生呵！谁又能想到，在这样充满历史的古城、虎踞龙盘之地，竟有先锋书店这样现代化文艺的栖息地呢？秋雨、梧桐、叶落。余光中先生在台北"听听那冷雨"，我在南京感受雨之细腻。更有惊艳处，2014年，南京青奥会让这座六朝古都在全世界精彩亮相。走过这一遭，顿觉这是个充满故事的城市，更是一个国立中央大学所在、民国大师云集的"江南佳丽地、金陵帝王州"。

　　其实，走过、看过了这些，确如书本上的妙语连珠、影视中的斑驳陆离。但是，当我真正坐上复兴号高铁，掏出手机用微信、支付宝和钱包说再见的时候，真的感慨生活的便利、发展的迅速。因为两岸"三通"，现在我也可以亲自踏上我们民族的大陆沃土，看内蒙古草原的辽阔、品四川火锅的川香。身边的港澳同胞，更是为近日开通的"港珠澳大桥"激动不已。看伶仃洋上，云开日出、烟波浩渺，海天一色、清风徐来，港珠澳大桥如同一条巨龙飞腾在湛蓝的大海之上——"一桥连三地，天堑变通途"！竟让我期待着，有那么一天，台海之间亦如此。

　　"为天地立心，为生民立命，为往圣继绝学，为万世开太平。"这是宋代大儒张载的横渠四句，也是马英九先生同习近平总书记会面时谈到的。中华文明是我们共同的血脉，中华儿女是我们共同的身份。来大陆学习，虽然是离开家乡，也是替祖辈重寻故乡。

　　这些，都是古今大师们教给我的。

在感恩中成长 *

——我在大陆的这几年

医学院　中医学　2013级本科　台湾　萧有智

厦门，初见

2013年夏秋之际，我带着厦门大学医学院的录取通知书，怀揣着不安和期待的心情，跨越了狭窄的台湾海峡，抵达厦门，入住厦大，这是令五年后的我思念的城市和学校。

初见厦门，城市里南岛风光，绿树丛丛延伸，优雅的三角梅与跨海来的台湾栾树相得益彰，宜人的气候，海空交映，当然也有炽热的太阳，一滴一滴的汗液，拉长的影子以及皮肤里头生成的黑色素。生活由一点一滴的片段组成，课余时间我一步一步晃荡于鱼市、菜市场、商业街、百货商场还有中山路上实惠的电影院，以及后来思明电影院的翔安校区分院。

厦门有许多好玩的老街道，有些是华侨回国的寓所，现今的文艺街道，有些则是市井烟火味浓厚的小区，熟悉的闽南语，似曾相识的闽南风情和小吃，为游人遮风挡雨的骑楼，偶尔发现的正宗台湾味小店……最重要的还是亲切的当地厦门人和新认识的同学朋友们，会向我推荐他们的私藏美食和好玩去处。现在我不在厦门了，舌尖却想念着四里沙茶面的肉泥、永安粿条店里头的拌粿条和猪肝沿、隐藏在小区里的螺蛳粉、同安姜母鸭、好香来的瓦罐和小炒、富万邦的奶茶……当然还有翔安一期食堂和本部的南光食堂，数不清的电影院和因为认识而免费看了好几次电影的

---

* 本文获评教育部2018年港澳台学生主题征文活动三等奖。

贝壳岛私人影院，溪岸路上的只有花没有鸟的花鸟市场，傍晚火烧云时风情无限的演武大桥观景平台，更不用说海湾公园、白鹭洲公园、五缘湾大桥……这些温情体验都打磨了我的陌生感，在我心里种下美好的厦门回忆。

来此之前，大陆只是在想象中的画面。我知道她面积广阔，有一望无际的草原、不知尽头的荒漠、巍峨耸立的高原，不同的地貌气候孕育着不同的风土人情，不同于台湾的长久历史沉淀的古都。听说过她的人口稠密，看过粗略的新闻报道，说着上海、深圳这些大都市欣欣向荣的繁华，尽管有着难落户、高房价、高压力等问题，依旧吸引着大批的年轻人来城市扎根，创造财富。来到这里之后，我一年比一年了解更多，神秘面纱被一点点揭开，我阅读了学者们的种种文章，窝在宿舍看了一部又一部关于中国的纪录片，还喜欢上了讲述并记录变动的中国农村与城市的人类学著作。除了以上静态的学习，当然还有动态的旅行。跟几个好朋友完成了河南古都行、汕头美食行，或者于北上广的街道古厝、高楼大厦，忍受与享受异乡滋味的独行。

当然不能漏掉母校厦门大学，为我的学习和成长也提供了广阔的平台：医学院位于刚建不久的翔安校区，尽管校内设施还没有思明校区来得完善，但拥有一座藏书及设施丰富的图书馆。除了学习专业知识，我还可以下载文献资料提升自己，甚至还有每周选片播放的光影坊。我还根据自己的兴趣辅修了经济学，周末跟着经济学院的教授们上课，在经济学的世界里畅游。在学习以外，我加入了校级宣传中心，成了校园里的小记者，自己的名字也偶尔几次出现在校刊之上，还曾经出现在已经消失的人人网上，也算圆了高中想写校刊的小梦想。

大学是塑造人思想与性格的地方，而我学会的最重要的事情，就是对自己负责，我们拾起了对自己的责任心前往自己想要的未来，尽管不知道对或错、平和或急躁、欢快或压抑，但如果将时间倒流回高中毕业，我依旧会选择来大陆，见识我该见识的，学习我想学习的，遇见我即将遇见的人事物。我会记住我去过的城市，记住我去过的胡同巷弄、天气的冷热、人心的暖寒，记住转角咖啡店哪一款最为适宜，来日在适合的时间回想，在适合的时间买张机票就像我当初跨越台湾海峡一样，回到我心心念念的厦门。

还想说点大学时期的遗憾，没选到逻辑学课程，没认真学好经济学辅修课程，成绩起伏不定，阅读量远远不够，英文普普通通。当然，这不影响我对厦大的想念，记忆中滤镜里头的校园，热心教学的老师，善解人意的辅导员，笃行宿舍及海韵公寓，曾经实习过的医院和诊所……还有和朋友们曾经踏足过的每个地方，容易堵车的大学路，大海扬起风一路轻拂，从白城到珍珠湾，小白鹭遨游，带着艺术学院传来的音符。想起曾经在白城沙滩放过的孔明灯，愿景在回忆的夜空中一盏一盏燃烧，写了什么早已不记得了，空气的湿度，满月的亮度，还有眼角的咸度……厦门大学，就是我的第二个家。

2018年7月，我在厦门大学的5年学习生涯结束了，但是和大陆的缘分并没有结束：根据自身发展的考虑，我报考了上海中医药大学的研究生。8月31日，我乘飞机前往上海，开始了新的旅程。

你好，上海

上海和厦门有很多不同，被称为"魔都"的上海节奏很快，地铁线路发达，与周边的很多城市有高铁联结，出行十分便捷。活动众多，歌舞剧、展览会、文化节、音乐节，每个周末都可以被安排满档，城区里头多了很多洋味建筑，国际化程度要比厦门高很多，传统小吃生煎包、小笼包、黄鱼、大排都与闽南有所不同，不过读研究生的课余时间没有本科充裕，周末基本上还是徜徉在知识的海洋里头，没有尽头（研究生基本就是从实践中学习）。学习上，我更感受到了上海的快节奏与高效率。导师并不因为我是台湾学生而有任何放任，对我和大陆学生一视同仁。大量的英文专业文献，高质量的论文要求，还有每周组会的心得分享，让我一刻也不敢松懈。同样地，我也感受到这座一线城市广阔的发展机会。

我在上海的生活还在继续，在大陆五年有余，一路走来，认识了很多人，有早些年来大陆的台商们，在工厂或公司里日夜辛劳，有厦大毕业的老学长们，靠着各自的机缘努力一路成长到企业的中高管理层，还有些机缘巧合认识的哥哥姐姐，在各自的领域里加班加点地努力工作。而在我大四、大五陆陆续续毕业的同学们，万分不舍却也说了再见。现在你们都去了哪儿呢？浪迹于港岛街头的茶餐厅还是英国某个工业城市，在北京的某大学实验室里头无日无夜做科研，还是在深圳的出租房里头辞了工作睡得昏天暗地，还是跟我一样在上海，工作或学习之余，回忆着大学生活滋味多么甜，同时，一刻也不敢松懈，为了能在上海生存而奋斗？

写在最后

前文多是可爱的回忆流水账，一不小心给读者们添了麻烦，只是想偷偷借此文表达对在大陆遇见温柔待我的人的感恩，谢谢各位。

我会感谢自己决定来大陆求学，当时厦门大学还没截止招生，也感谢对两岸彼此好奇并且主动了解两岸文化的所有人，这些都融为我不可多得的人生经验。收集信息、逻辑分析、独立思考，这些大学培养学生的目标在当代社会可能越来越难能可贵。大学放假回台时，我分享在大陆的所见所闻，纠正新老一辈的谬误观念，告诉他们海峡对岸的真实场景，同理也与我可敬可爱的大陆朋友这么交流。我们"90后"一代，过于年轻，过于感性，不过至少我们没有必要拎起所有的历史包袱，只是一定得忌惮为他人利用，多点沉淀，谋而后动，尊重彼此，相信未来。尽管我个人渺然无力，相关问题无从思索，但在能力所及的范围，愿意少点争执，多点解释和理解。

相似文化的浸润和汉语的使用习惯，类似的华人思维，历史的偶然与必然，而今改革开放后很多事情可以有更多的转变，不管是经济上还是社会上，若把错误都关在门外，也很可能失去真理，看过某部纪录片，在天安门前采访一位大叔，只记得一句"我们要期待美好的未来"，或许心里非常认同这位大叔的话吧，藏起种种，只道出对这片土地深切的期盼。

我，一直在路上

经济学院　国际经济与贸易　2018级本科　台湾　汪筱涵

蘸水的英雄牌钢笔是我，形似板砖的美多牌收录机是我，当初收获一片惊羡的机械大座钟是我，是我——我，一直在路上。

七八十年代的英雄牌钢笔

美多牌收录机

"超人气"机械大座钟

我是一个刻有七八十年代印记的老物件儿，横亘在改革开放以来的历史里，与之前行，见证了改革开放以来的兴盛之路。

诞生，是时代的需求

那时，正值十年动乱刚刚结束，国民经济遭受巨大损失，社会文化经历严重摧残使中国社会倒退的低迷年代，整个社会都竭力地渴求着光明，而此时邓小平同志复出以及一系列方针政策的实施拨开了重重迷雾与晦涩，使中国社会迎来了新的曙光。

1978年党的十一届三中全会提出"对内改革，对外开放"的政策成为中国步入世界强国行列的敲门砖。正是这个政策的贯彻实施使得中国的经济开始恢复和快速发展，加快了我国现代化建设的步伐，建立了中国特色社会主义理论体系，使中国在社会主义的道路上留下了独一无二的色彩。

正是鼓励生产和对外开放方针的实施使得我开始在工厂里被大批生产，在市面上大量流行。按劳分配大大提高了工人的生产积极性，"不管黑猫白猫，抓得到老鼠就是好猫"的观点更是以其蕴含的哲学魅力影响了一代又一代人。以经济建设为中心的路线领导着中国国民经济走上正轨，为社会发展而蓄力。

成长，砥砺前行

万事开头难，其实即使有了一个好的开始，后面的路也并不容易。不过，中国向来都是会突出重围的。当时中央明确提出了"坚持改革开放不动摇""一心一意做好自己的事"，稳定了广大人民群众的情绪，同时对内采取进一步改革措施，如大力改善党的领导、开发浦东、建立证券市场等，最重要的是确定了建立社会主义市场经济体制的目标。而面对国际上的质疑之声，中国一方面处理好与美国等西方国家的关系，既顶住大国压力，又努力恢复并改善关系，打破制裁局面；另一方面又积极发展与周边国家和第三世界国家的关系，打破政治上孤立无援的局面。幸运的是，内外两方面措施都收到了超出预期的良好效果。

而在我成长的路上还发生了具有深刻历史意义的大事——港澳的回归。港澳的回归加大了我的产量，扩大了我的销路，也正是这一时期，中国走上了制造大国的道路。随着国民经济的飞速发展，中国在全球的影响力变大，政治地位提高，先后加入了多个国际组织，其中加入世贸组织极大地促进了中国经济与世界接轨，大大推动了中国经济的发展，成为改革开放史上的又一机遇与挑战。同样地，这也让我开始由面向全国转型为面向全球。

然而，当时的中国只是在进行由制造小国走向制造大国的转型，科学技术的缺乏使中国的发展困难重重。这时，邓小平坚持了"科学技术是第一生产力"的论断，支持科教兴国的战略，自此，中国在富强的路上走得更远，更加坚定了。

未来，佳期可许

经过多年的努力和几代人的拼搏，中国社会正在变得更好，变成我们期待中的那个美好的存在。2012年11月29日，习近平总书记把"中国梦"定义为"实现中华民族伟大复兴，就是中华民族近代以来最伟大的梦想"，并且表示这个梦"一定能实现"。社会上人心振奋，大家都奋力喊着"撸起袖子加油干"！这些话语虽不算什么豪言壮语，却真真切切地喊出了中国人民内心的渴望——渴望着扫清近代历史的阴霾，渴望着中国由制造大国转变为创造大国，渴望着中华民族能身携五千年的历史文化积淀重撰一个新的篇章，再现辉煌！这个渴望的声音并不是小众之声，而是整个中华民族为实现伟大复兴而发出的呐喊。而那个实现复兴富强的年代，虽然还未到，但我相信，她不会迟到！

见证了过往，我希望我还能成为那个即将到来的美好时代中那个美好的存在，到那时，想必我已不仅是一个刻有七八十年代印记的老物件儿了吧。而那个更富有意义的意义，我希望来得不会太晚，即使我会不知疲倦地、不停地对她呐喊：

我，一直都在路上啊，你呢……

祖国大陆十年见闻

法学院 民商法学 2018级硕士 台湾 郑乃容

楔 子

笔者随父母2000年从台湾来到祖国大陆,已十八载,见证了祖国大陆经济飞速发展、人民生活水平日益提高的黄金十年,这也是笔者深感不可思议的十年。十年来笔者辗转深圳、东莞、广州等地,也去过上海、杭州、武汉、苏州等城市,最后在厦门完成了大学的学习,感触良多,不胜言表。

本文将从两个部分讲述笔者十年来的所见、所闻、所思、所想。第一部分为"生活篇",将重点描述笔者在祖国大陆生活的十年来所感受到的新变化、新见闻,并将这些与台湾进行比较。第二部分为"学习篇",主要描述笔者在祖国大陆学习中的所见、所闻、所思、所想与对中华文化的见解,以及在学习中与同学朋友结下的深厚友谊。

十年见闻

一、生活篇

首先,要提到的是广州这个被称作"羊城"的城市。记忆中,笔者是在2002年来到广州,这是一个笔者生活了长达10年的城市,笔者深受其文化的影响。谈到广州,众所周知位于南方,是广东省省会,一线城市之一,处于经济发达地区,是珠江三角洲经济重镇。广州有着极其特殊的地理位置,珠江绕城流过直入大海,与周围形成三角洲地势,毗邻港澳,拥有优越的地理优势,是中国的南大门。

　　而据笔者回忆，在2002年的时候笔者对广州的印象极其差，狭小的道路，混乱的道路规划，满地乱跑的摩托车以及人力三轮车，随处可见的垃圾，可以用"脏乱差"来形容。那时的广州地铁还没有四通八达，没有BRT也没有带空调的公交车，四处都是布满青苔的老房子。社会治安也令人担忧，飞车抢夺、乞讨诈骗甚至碰瓷时有发生。

　　而如今的广州与当时相比已是天壤之别，广州用短短几年的时间完成巨大的转变，成为国际大都市、一线城市。对老城区进行全面改造，拆除老旧的危房，建设了13条地铁线路，贯通了以广州为中心的70公里的辐射范围，整治道路交通混乱的问题，取缔了摩托车。开设BRT线路便利城市交通，建设天河新区，将荒废的郊区建设成经济中心，以地铁带动经济发展，向周围辐射。同时，广州社会治安也得到了极大的改善，四处安设摄像头，对社区展开普法教育，定时巡逻，加大对犯罪的惩处力度，加大对报案举报的重视程度，改变了原先时有发生的混乱。在全面发展经济的同时，广州市政府也格外注重保护生态环境，广州的大多数道路两旁都栽种了树木，特别是代表广州的木棉。

　　笔者见证了这一系列的变化，享受着更加便捷的生活和便民的服务，享受着改革开放所取得的丰硕成果，祖国大陆发展之快已远远超乎笔者的想象。在广州的生活使笔者对中华文化产生了浓厚的认同感，对祖国统一愈发期待。笔者不禁拿广州与台湾最发达的城市台北进行比较，得出的结论令笔者震惊。不论是从经济的繁荣程度、交通的便捷程度，还是从城市的规划、城市基础设施的建设，台北都远远不如广州。台北的捷运从运营至今也仅仅7条线路，辐射范围有限，而售票的机器还是极其落后的老式投币式机器。台北的大多数基础设施已经严重老旧，濒临淘汰，交通线路的设置也极其不合理，如果不是本地人，在台北乘坐公交车有极大可能会迷路，许多便民设施做得极其不到位。如果说广州是新兴发达城市，那么台北就是老旧的发达区，如不变革处境堪忧。

　　然后，笔者要说到的就是互联网经济。改革开放40多年来，大陆的互联网经济急速发展，出现了大量的新兴商业模式。笔者处于互联网高速发展的时代，不得不感慨，祖国大陆在互联网方面的发展老早就超过了号称"亚洲四小龙"之一的台湾。如今的大陆，人们可以在互联网上完成以下事情：购物、买票、预订酒店、点外卖、支付日常水电账单、缴纳罚款、缴税等，仿佛没有什么是无法通过互联网做到的。电子商务的出现给大陆消费者带来极其便利的体验，也创造了大量就业机会。人们通过网络购买日常生活中需要的商品，足不出户送货上门，给生活带来了极大方便，同时网购也降低了商品的成本，使得价格更加优惠。与此相比，台湾在此方面极其落后，大多数人还在实体店购物，网络购物的许多方面并不完善。

如果说电子商务是互联网发展收获的丰硕果实，那么电子支付就为大陆互联网经济的发展打开了新的大门。支付宝打破了传统的支付模式，使得人们出门不必带纸钞，"手机在手，支付我有"，不仅快捷方便而且安全可靠，也免除了找零的麻烦。随着电子支付的普及，在大陆任何一个互联网覆盖的地方，只要涉及支付，都能使用支付宝，甚至乘坐公交、地铁等大众交通工具也可以，且使用电子支付有时还有一定优惠。而在台湾电子支付的发展极其落后，出门要带数张信用卡和零钱，大多数支付都使用现金。台湾的货币最小的面额为1圆，1圆、5圆、10圆、20圆、50圆都是硬币，100圆、200圆、500圆、1000圆、2000圆是纸钞，按照5：1的汇率计算，100圆新台币相当于20元人民币，所以出门在外不仅要准备足额的纸钞，还需要准备足够的硬币，极其麻烦。而信用卡作为台湾普遍使用的支付手段，其使用方式也极为复杂，因为发卡行众多，彼此之间形成竞争关系，不同卡针对不同消费有不同的优惠，极其复杂，所以往往人们身上会带着数张甚至十几张信用卡。

以上是笔者十年来印象最深刻的所见所闻，当然还有许多方面未曾涉及，这里就不再赘述。十年见闻，愈发认可祖国大陆当下的发展道路，不得不说在中国共产党的领导下，改革开放40多年，中国已经成为富强民主文明和谐而又美丽的国家。

二、学习篇

在大陆生活的十八年，笔者可以说是在国家的关怀下成长的。从小学开始享受义务教育，报考大学享受单独的招生政策，祖国大陆为笔者这类从台湾回到祖国大陆就学的学生制定了单独的考试制度以及优惠的招生政策，使得笔者能在一流的学校享受更加优质的教育资源。国家更是专门为台湾学生设立了一系列奖学金，学校也对笔者多有照顾及关怀。

对于学习，笔者感触最深的是浓厚的学习气氛，在高考制度的实施下，笔者身边的同学们都努力地为自己的前途奋斗着，打拼着。高考为贫困落后的家庭提供了一个改变命运的平台，虽有着应试教育普遍存在的问题，但还是为广大考生提供了一个相对公平的竞争平台。论努力程度，论对知识的尊重，论拼搏所付出的汗水和艰辛，笔者自认远不及身边许多同学。与台湾相比，祖国大陆学风更加浓厚，拼搏精神更加顽强，笔者把它归结于中华传统文化所延续千年的拼搏奋斗精神。

关于思想教育，笔者有着与众不同的感触。可能大多数人认为思想教育枯燥而又乏味，欠缺实用价值。但通过多年的学习再结合自身经历，笔者有了不同的感触，思想教育正是对中华传统文化的精神的一种延续，是对中华精神的一种塑造和培养。这类学习能使人们对中华文化及民族精神产生更加深刻的认同感。在祖国大陆学习，笔者深刻感受到自己属于中华文化传承者中的一员，负有实现中华民族伟大复兴的使命。相比祖国大陆，台湾忽视了对传统文化的教育，使得一些台湾年轻人对传统文化没有认识，对中华文化不尽认同，崇洋媚外，全面学习西方的教育模式，但效果不佳。

笔者在大陆学习的这些日子认识了来自全国各地的朋友，其中不乏来自新疆、西藏、甘肃的少数民族朋友，与他们结下了深厚的友谊，对各个民族的风土人情有了一定的了解，使得笔者对中华文化五千年历史有了更加深层次的认识，产生了浓厚的民族认同感。在交往中尊重各民族的习惯，了解各个地区发展的历史背景，学习其中承载的精神，笔者受益良多。如晋商、徽商在生意中的诚信，草原男儿的担当，南方人的细腻，北方人的豪爽，所谓一方水土养一方人，每个地方独特的历史背景赋予了每个地方不同的人文精神。

总　　结

我在祖国大陆的十年间，见证了改革开放取得的丰硕成果，见证了中国走向富强民主文明和谐道路，见证了祖国大陆飞速发展，人民生活日益幸福美好的十年。台湾自古以来就是中国不可分割的领土，台湾同胞是中华民族的一分子，肩负着实现中华民族伟大复兴的使命。

把青春梦融入中国梦

经济学院　财政系　2016级本科　香港　李加义

　　"自强不息，止于至善。"来到厦门大学就读的第三年，我将校训深深牢记在心，并努力传承厦大四种精神，不断探索其真理。2018年"五四"前夕，习近平总书记在北京大学与师生座谈时强调，当代青年是同新时代共同前进的一代，每一个青年都应该"爱国、励志、求真、力行"。我们应当将习近平总书记的教诲和校训相结合，乘新时代的春风、改革开放的浪潮，做有理想、有本领、有担当的青年。

　　坚定信念，追求崇高的理想。我来自香港，2016年入学厦大后，我深刻地明白，当代的港澳青年幸运光荣且责任重大，我们成为"四个全面"战略布局和"两个一百年"奋斗目标的推动者、践行者、见证者和惠享者。有幸代表厦大的香港学生去北京参加内地港澳学生交流营，当时有一位教

2018年内地港澳学生交流营开营仪式

授说过："理想决定格局，人生格局确定了，产出边界也就确定了。"可见理想对于每个人的重要性。在交流营的行程安排当中，我们去了红旗渠干部学院培训。当年，杨贵书记为了让老百姓都喝上水，带领群众劈山凿石引水，赢得了群众敬仰。如今，倾听着红旗渠特等劳模任羊成等人讲述当年的故事，弘扬红旗渠精神，当年杨贵书记的理想和这份精神共同激励着一代又一代的中国人不断前进。我认为我们应当把自己的理想和个人价值的实现与祖国、民族的命运相结合，把个人人生价值的实现植根于建设社会主义和谐社会、完成中华民族伟大复兴的历史使命中。

在红旗渠干部学院倾听特等劳模事迹

努力学习，练就过硬的本领。学习不只在于专业和课堂方面，我们也应该去社会实践。我进入大学后，合理地利用两个假期进行社会实践，更加切身实地了解中国国情。在第一个暑期，组建"厦火燎原"台港澳实践队前往福建古田、长汀和江西瑞金考察，感受长征精神，传承红色血脉，走访创业企业，调查水土流失治理。在第二个暑期，参加厦门高校港澳学生"美丽中国——延安行"夏令营，在梁家河遇到刘金莲奶奶在窑洞售卖自制的布鞋时，不禁让我想起《习近平的七年知青岁月》，仿佛我又在脑海中把整本书阅读了一遍，想起了习近平总书记在青年时期"过四关"的事迹，让我不禁感慨，还是要不断学习，敢为人先。

在延安的港澳回归纪念碑前合影

　　敢闯会创，具备担当精神。厦门大学承办第四届中国"互联网＋"大学生创新创业大赛，本届赛事有265万名学生参赛，来自47个国家和地区的600多支团队同台竞技，最终有376支队伍来到厦大参加总决赛。"勇立时代潮头敢闯会创，扎根中国大地书写人生华章"，本届大赛是一场高规格的盛会，来自世界各地的青年聚集于此进行比拼。正是因为改革开放的影响，当代大学生更具备创新创业的精神，更愿意去尝试和发明。本次大赛，我作为一名志愿者，为参赛团队与比赛进行对接，也体会到了参赛团队的那份不畏困难、爱拼会赢的力量。同时，志愿者团队那份主人翁的担当精神，那份热情接待友人的亲切感，助力本次大赛圆满完成。在我看来，他们都是一群富有朝气的有为青年，顺应改革开放潮流，奋勇拼搏。

"互联网＋"大赛接待组工作人员合影

登五老峰俯瞰厦门大学

　　"青年兴则国家兴，青年强则国家强。"一代又一代的青年为改革开放作出了巨大的贡献，正是因为这份理想、本领、担当，我们美丽的祖国变得更加繁荣昌盛。厦门作为第一批经济特区，在这40多年间，经济快速增长，城市发生了巨大的变化。听长辈们说，40多年前，厦门只是一座偏僻的海防小城，而如今高楼大厦、车水马龙。我在厦门，走过很多地方，看到老百姓安居乐业。经历了金砖国家峰会、"互联网＋"创新创业大赛等，我也深刻地感受到党和国家的强大，厦门这座城市的井井有条。

　　改革开放，让世界与我们连在一起。我国的国际地位不断提高，经济实力也不断上升。坚持改革开放，以"一带一路"倡议为重点，与世界各国在政治、经济、文化等方面进行交流。不论是在会议、赛事方面，还是在旅游方面，在厦门的这段时间里，我发现来到中国的外国友人越来越多，同样地，来到厦大就读的外国同学也不断地增加。通过微信、微博等软件，我们与外国朋友们可以时刻保持着联系。我的外国朋友们来到中国，感受到微信、支付宝、共享单车等许许多多外国没有的便利，都在感慨我国的发展飞快，让我的民族自豪感油然而生。

　　改革开放，见证祖国日益强大。我是在1997年香港回归后出生的，转眼间便过了21年。2018年，国家出台了《港澳台居民居住证申领发放办法》政策，在第一时间，我便去申请和领取了。我终于也有"18位数身份证号码"，可以享受3项权利、6项基本公共服务、9项便利，我已经切实地感受到了我所享有的各项福利。同样是2018年，在厦门可以直接坐高铁到达香港西九龙，我的回家路程更加便利。在新闻当中，我看到了港珠澳大桥正式开通。我身边发生了许许多多的变化，直接看到的就是港澳台与祖国大陆联系更加密切，也正是因为我国的强大，这些政策可以实施，让老百姓可以获得福利。

　　改革开放，乘着浪潮再次出发。在"互联网＋"大赛中，我看到了很多青年人有本领、有热情，令我印象格外深刻的是"中云智车"项目。创始人倪俊发布了全国首个无人驾驶车辆通用底盘，可以根据不同客户的需求搭载不同的功能，如物流、运输、清扫等。在大赛当中还出现很多在世界上首屈一指的项目，可见我国在创新创业中不断进步，而我们也要乘着这个浪潮，努力实现人生价值，努力实现社会价值，用奋斗书写青春芳华。

　　"实现中华民族伟大复兴的中国梦，广大青年生逢其时，也重任在肩。"改革开放让我们的生活变得更加丰富多彩，不能忘记的是，我们应该为改革开放多作贡献。作为学生，我们应该努力学习，做到知行合一，由实践出真知，在社会实践中多思考，争创新，勇做新时代的奋进者、开拓者，把激昂的青春梦融入伟大的中国梦。

四十年——跨越世纪的变革

经济学院　经济类　2018级本科　澳门　林宇翔

> 吾辈即以中国改革发展为己任,虽石烂海枯,而此身尚存,此心不死。既不可以失败而灰心,亦不能以困难而缩步,精神贯注,猛力向前。应付世界发展之潮流,合乎善长恶消之天理。则终有最后成功之一日!
>
> ——孙中山

鲁迅先生曾说过:"其实地上本没有路,走的人多了,也便成了路。"是的,路是走出来的,再宽再长的路,都是人民群众一步一个脚印辛勤奋斗出来的。在邓小平同志的指引下,人民群众在改革开放的道路上不断地前行着。进入21世纪以来,中国发生了翻天覆地的变化,我们每个人都作为参与者与贡献者见证着改革开放。

虽不曾目睹国家的发展经历全貌,千禧之年出生的我们,却赶上了改革开放的黄金时期,成为改革开放最大的受益者。曾在一次家庭聚餐时听长辈打趣地说道:"现在的孩子,穿衣要讲究款式新颖,吃喝要讲究营养搭配。若不是改革开放,你们现在还在吃着红薯粥配地瓜叶,穿着'新三年,旧三年,缝缝补补又三年'的破补丁衣裳呢!"由于时代的隔阂,我们难以理解他的经历,但现在回想他说的这番话,那脸上洋溢的笑容,不正是这和谐的小康生活所赋予的吗?

改革开放所带来的成就是我们所有人有目共睹的。老师曾问过我们:"你们了解改革开放吗?"那时还年幼无知,并不知道如何回答。随着年龄渐增,我们慢慢地在身边找到了答案。自报纸上,在新闻里,从网络中,我们随时都在为祖国的强大而震撼,为祖国的发展而感动,爱国的热情在我们内心的土壤中悄然发芽。祖国不仅凭着实力与硬气,冲破其他大国的霸权魔障，加入了世贸组织，在国际市场上赢得一席之位，还在2008年成功举办了万众瞩目的奥运会，让外国对我们的刻板印象大大改变。当我听到中国的GDP已经稳居世界第二时，我深深地体会到——祖国强大了，中国人已经抬起了头，没有人再敢轻视我们了！这其中的欢喜鼓舞之情，难以言喻。

国家的发展往往是多点开花，在经济稳步增长的同时，教育事业也在腾飞发展。高考制度恢复当年，全国有570万人参加高考，却仅录取27万名；而到2018年，全国普通高校招生报名人数超过了900万，录取新生逾700万名！更多的孩子圆了自己的大学梦，更多的家庭冲破了阶层的固化。这一切的一切都在展现着改革开放的巨大魅力。

在改革开放的引领下，我们的国力稳步提升，最终得以在1997年和1999年成功地对香港、澳门恢复行使主权。2018年10月24日，港珠澳大桥正式开通。这一举世瞩目的工程跨越伶仃洋，东接香港，西接广东珠海和澳门，大大地便利了三地人民的往来。习近平总书记心系港珠澳这片热土，在大桥开通之际，来到此地，发自内心地评价道："这是一座圆梦桥、同心桥、自信桥、复兴桥！"是啊，这座桥就像是改革开放这条路上一个独具意义的里程碑，它意味着我们国家经济实力大幅增强，更是港澳与内地的联系已经无比紧密的体现。港珠澳大桥不仅是一座连通粤港澳的桥梁，更是一座连接了三地人民心灵的沟通之桥。身为经常来往的居民，我时时刻刻都坚信着这一点。

对于我而言，改革开放的成就所带来的感受是独特而又深刻的。由于父母的工作，我常往返于澳门与内地，随着改革开放不断深入，我切身地感受到，港澳与内地之间的距离在不断地拉近。"澳门回归的一刻是向世界展示我们国家强大的一刻！有多少人为此付出了巨大而艰辛的努力啊！"父亲向我提起澳门回归时的场景依旧历历在目。他感叹着一切来之不易。中国等待了多少年，终于赶跑了长期霸据香港、澳门的欧洲列强，再一次有力地展现了我们国家的实力与气魄。改革开放初期，人们争先恐后地向港澳台地区寻求生存机会；而如今，越来越多的港澳台居民涌向了大陆（内地）寻求更好的工作机遇。港澳台的发展离不开大陆（内地）的活力，大陆（内地）的繁盛也离不开港澳台的贡献。双赢的局面揭示着我国综合国力的大大增强。

在内地生活学习的日子里，我也切切实实地感受到改革开放带来的便捷与幸福。在虚拟支付如此发达的今天，即便只带着手机而不带钱包出门，我也能安安心心；相比飞机，乘坐高铁仅仅多了几个小时的时间，却给我们带来了更加亲民的价格；通过网上地图和网上打车等服务，我们可以自由地穿梭于陌生的城市而不必担忧……我们如今所体验到的一系列优越的生活条件，都归因于改革开放所带来的巨大经济发展。

"我是中国人民的儿子，我深情地爱着我的祖国和人民。"邓小平同志以其卓越的眼光、高明的见解，为中国的改革发展指明了道路。国家的发展依托于所有人民群众共同的艰苦付出，而令其为之付出的动力是什么？是一颗又一颗炽热爱国之心汇聚而成的太阳般的巨大热量。2018年，改革开放的第四十个年头，我确信，祖国必将继续跨入新阶段，攀上新巅峰！让我们手携手，共同创造祖国的美好未来！

民族情　中国梦

经济学院　财政学　2016级本科　香港　沈颖芝

> 这是一个美好的幸福时代，也是一个充满梦想的时代，我
> 们每个人都有着各自不同的梦想，但是我们同心共筑一个梦——
> 中国梦，这是民族的梦，是中华民族伟大的复兴梦。我们以梦
> 想为帆，为梦远航，行驶在伟大复兴路上。
>
> ——题记

在这片孕育梦想的热土上，56个民族居住于此，虽然有着不同的民族文化风俗和不同的语言，但骨子里汩汩流淌着相同的血脉，有着相同的情感和民族精神，同心共筑一个中国梦——民族的复兴梦。

拳拳赤子心，浩浩中华魂。我们伟大的中华民族，孕育了五千年的辉煌，留下了璀璨的传统文化。仁人志士辈出，他们使得中华美德熠熠生辉，诠释了"团结统一、爱好和平、勤劳勇敢、自强不息"的民族精神，这种精神世代传承，使我们面对重重困难时勇往直前，而对死亡的威胁毫不畏惧、英勇就义，面对凌辱祖国的列强，挺身而出、维护祖国尊严。

我们中华民族涌现了许许多多可歌可泣的英雄事迹：屈原因国破而投江明志，张骞出使西域，苏武牧羊北海，文天祥为保气节而甘心受辱，岳飞精忠报国，戚继光率兵抗倭，郑成功挥师收复台湾，黄花岗七十二烈士为国义无反顾，李大钊视死如归，董存瑞舍身炸碉堡，黄继光献身堵枪眼……

在西方列强侵略我国时，昔日强大的天朝上国四分五裂，饥骨布地，哀鸿遍野。面对人面兽心的侵略者残忍地杀害无辜的百姓，人民陷于水深火热之中的困境，中华儿女不屈不挠，浴血奋战。血可以流，泪可以洒，但头不能低下，不能成为外国侵略者的奴隶，这就是中华民族的本色，中

国人的血液里流淌着顽强不屈的精神！他们在痛苦中奋起，在挫折中摸索前进，拿起武器抵抗外国侵略者。

民族情不仅是刚强不屈的民族精神，更是各民族团结一心，无法割舍、不可分离的亲密感情。

当澳门被葡萄牙侵占时，一首《七子之歌》表达了澳门同胞渴望回归祖国的强烈心声，即使被侵占，我们血脉相连的民族感情也是无法割舍、无法改变的。中华民族面对列强企图侵占中国的勃勃野心，团结起来，坚决反抗。在我国政府与葡萄牙政府展开四次谈判后，澳门终于在1999年12月20日零时，回归了祖国母亲的怀抱。

1949年10月1日中华人民共和国成立使祖国母亲彻底摆脱了被压迫的境地，中国这头东方睡狮开始慢慢觉醒，却步履维艰，直到1978年，党的十一届三中全会作出全面实行改革开放的新决策，从此改革开放的春风使中华大地再次焕发了活力，中华民族终于踏上了民族复兴的伟大征程！

如今随着港珠澳大桥和香港西九龙高铁动车的开通，粤港澳联系日益紧密，中华民族的凝聚力日益增强。中华民族的团结友爱，使得国家更具凝聚力，在全体人民的共同努力下，中国日益强大。

时光荏苒，2018年我们迎来改革开放40周年。今天，站在历史的新征程上，蓦然回首，40年众志成城，40年砥砺奋进，40年沧桑巨变，40年光辉历程，改革的路途虽然艰辛，但收获颇丰，取得了令人振奋的飞跃进步。中华民族以崭新的姿态重新屹立于世界民族之林，成就了一个民族近百年的梦想！改革从城市到农村、从东部到西部、从经济领域到其他各个领域全面展开、逐步深化，中国社会正在发生全方位的历史性转变。

中国人民的生活实现了由贫穷到温饱，再到整体小康的跨越式转变；中国社会实现了由封闭、贫穷、落后和缺乏生机到开放、富强、文明和充满活力的历史巨变；经济实现了持续快速增长，综合国力进一步提高。1997年香港回归，1999年澳门回归；2007年，全国普通高校招生报名人数达到1010万，录取新生约567万名！伴随着教育规模的扩大，越来越多的中华儿女在世界高精尖人才中占据着日益重要的位置！

中国科技不断创新，制造业正由"中国制造"变为"中国创造"。从1979年远程火箭发射试验成功，到2003年"神五"升天，首次载人航天飞行成功，再到2005年神舟六号载人飞船顺利返回，中国航天人在摸索中让祖国一跃成为航天科技强国！2007年，我国首颗探月卫星"嫦娥一号"发射升空。2008年，"神七"成功发射，宇航员翟志刚在太空漫步，让中国人第一次在太空留下了自己的足迹！

"复兴号"中国标准动车组不仅是中国自主成功研发的车型，还是实现中华民族伟大复兴路上又一重大科技成果。它，彰显的是中国人勇于突破、永不放弃的民族精神。"复兴号"将以新时速承载着亿万中华儿女，为实现中华民族伟大复兴中国梦前进！前进！前进进！同时这也是我国体育事业蒸蒸日上的40年！2016年里约奥运会上，中国体育代表团以26金18银26铜的成绩名列奖牌榜第三位。

我们见证着改革开放，也是改革开放的受益者。我小时候还很流行寄信的方式，而现在一封电子邮件，即使相隔万里几秒便可到达对方手里。之前出门只能乘坐公交车或者打出租车，而现在地铁四通八达，高速公路更是畅通无阻。出行时坐的硬座火车，如今也变成宽敞明亮的高铁动车，不仅更加舒适，出行时间也减半了。之前很流行的大哥大、翻盖手机到现在几乎人手一部的智能手机，一切都像梦一样。这些变化，无处不让我们享受便利。改革开放带来现代科技的飞速发展，长辈常常对我说："你们赶上一个好时代啊！"是呀，我们可以坐在家中便知天下事，足不出户就能在网上挑选商品，还能吃到热乎的外卖食品，出行也非常便捷。这样美好便利的生活也让越来越多的外国人来到中国学习和工作。

我们也参与着改革开放，感受着改革开放的脉搏和活力。作为祖国的花朵，我们是祖国的希望，要牢记使命，面向未来。"为中华之崛起而读书"，少年强则中国强，我们的使命，就是珍惜利用每一天，加强知识学习，强大自己，为了远大的抱负而努力，好在将来为国家作出贡献，从而使国家富强。同时要面向未来，为实现中华民族伟大复兴而奋斗。

在中华民族伟大复兴路上，每一个中华儿女应当爱国、敬业、诚信、友善、团结。以热爱祖国为荣，以危害祖国为耻，热爱祖国要口号更要行动，更要理性。坚定不移地做祖国伟大事业的建设者，热爱祖国的青山绿水，坚决捍卫国家主权和领土完整。在自己平凡但又不可或缺的工作岗位上认真工作，为建设祖国添砖加瓦。努力践行社会主义核心价值观，崇尚社会文明，积极履行社会责任，传播社会正能量。面对大灾大难，要众志成城、捐款捐物，共渡难关。铭记历史、传承文化是中华儿女义不容辞的责任，更是热爱祖国的具体表现。

同时要勿忘国耻，居安思危。落后就要挨打，我国应当加强国防力量，提高科技水平，提升综合国力，缩小与他国差距。只有国家强大，人民才会有安全保障。所以，曾经的耻辱会是我们前行奋斗的动力，也时刻提醒着我们，要居安思危，不可因现在的国泰民安而丧失警惕，应更加积极，为国家目标而奋斗。

中国的复兴路是曲折的，但路上的大风大雨只会让我们越挫越勇、更加强大。时代在前行，中国在进步，我们坚信胜利是属于中国的，发展才是硬道理，只要实打实地做好国内的事情，弘扬民族精神，加强民族团结，同心共筑中国梦，定将走出一条成功的复兴之路。在习近平新时代中国特色社会主义思想引领下，到本世纪中叶实现第二个百年奋斗目标，中华民族伟大复兴的中国梦一定会实现。很幸运，我们能成为这个时代的见证者。

在中华民族伟大复兴的征程上，必将出现一个又一个辉煌的40年！中华民族的崛起，必将让世界为我们自豪！祖国加油！

时光清浅，岁月嫣然

外文学院　日语系　2015级本科　台湾　吴佳谕

　　时光清浅，岁月嫣然，携一抹感悟于流年里，那些镌刻在生命平仄韵律中的温暖与感动，便是生活留给我们的幸福痕迹。每每想起那个地方，心里都是暖暖的。我想，那便是我心中岁月沉淀的芬芳。我没有华丽的辞藻，只想用我的方式勾勒出我记忆中的美好，将它与你分享。

　　离开北方的家已经快5年了，至今我依旧清晰地记得冬夜路灯下白雪飘落的样子，脱下毛衣时那噼里啪啦的响声，开车门时触电般不可思议的感觉，以及冰糖葫芦酸甜的滋味。如果没有遇见它，我怕是不会有这样的体验吧。

　　1996年我出生于台北县，也是在那一年父亲开始了外派天津的工作。第一次踏上大陆这片土地时，我还是个坐着婴儿车的小孩。我在这片土地上蹒跚学步，都说爱摔跤的孩子是被大地偏爱的孩子，没少摔跤的我或许就是从那时起与大陆结下了不解之缘。后来母亲的公司也决定迁厂到广州，我便离开了台湾，正式开始了在大陆的生活。武清区杨村镇是天津的一个小城镇，是我生活了15年的地方。这样的小地方不是那么起眼，却是国家繁荣发展的最好写照，我很荣幸能成为它发展的见证者，也愿将它的故事讲给你听。

　　记得早期在开发区旁有大片大片的村落，母亲由于工作的关系无法长期在家，就请了邻近村落的阿姨来打理家务。有时我会跟着阿姨去村里玩耍，一到傍晚村子里会聚集许多摊贩，形成一个小小的黄昏市场。有卖现磨香油的、卖炸素丸子的、卖炒面的，村子里的人互相寒暄，热闹极了。让我印象深刻的是一辆装满苹果的驴车，可爱的小毛驴面前吊着一根胡萝卜，卖苹果的大爷说只要这样做毛驴不用赶就会不停向前走，很是有趣。每到玉米丰收之时，家家户户的三合院里铺满了玉米棒子，小时候贪玩爬上了玉米堆还不小心崴了脚。阿姨家的爷爷说玉米全身是宝，只见他用手摇机器剥下玉米粒，还从玉米芯中抓出长长的虫子说是要喂鸡。那段时间可以说全镇进入了"疯狂"晒玉米粒的模式，柏油路旁无处不见正在晾晒的玉米粒，一片片黄灿灿的，在阳光照射下仿佛会发光似的。铺上塑料布并用耙子将玉米粒铺平，这个简单的画面对我来说便是丰收的象征。现如今早已看不到如此景象了，拆迁政策下来国家征收了农民的农田及房屋，家家户户都住进了拆迁安置房，拆迁安置房多是带电梯的高楼，有些人家一口气分到了几套房，大家都津津乐道。住进了楼房后，武清多数居民便与澡堂告别了。虽然农业因此减少了产量，但是在政府的政策鼓励下，武清迈入以第二产业为主的时代。更多跨国企业前来设厂，从而带动就业机会的增长，百姓人均收入大幅度提升。生活水平的改善肉眼可见，就譬如说，阿姨乐得开上了自己的小轿车，成天嚷嚷着要带我出去玩，公司的司机师傅成了名副其实的"包租公"等。

再回想之前每个周末公司都会安排班车到天津市区。整栋台湾工作人员公寓全体出动，有个年轻的单身台湾工作人员就只是背着电脑到市里的星巴克继续工作，问他原因就笑着说要进城看看。那时大家都有着美国人的购物习惯，仿佛什么都要备足一周的量，返程时个个大包小包的样子像极了发礼物的圣诞老人。当时在武清买蔬果不是件难事，可是生活用品可选范围很小，更不用说娱乐生活了。曾经听过一种说法，咖啡厅的数量可以反映一个城市的消费活跃程度，然而那时的武清甚至找不到一间咖啡厅，逼得咖啡不离手的父母开始自己研究煮咖啡。直到初中，友谊商厦的建成，各种服饰品牌、运动品牌进驻，改变了我们很多购物习惯。记得首家肯德基开业时掀起一阵狂潮，人多的时候你有钱都不一定买得到。现如今肯德基、麦当劳早已司空见惯，佛罗伦萨小镇、凯旋王国主题乐园、NBA中心等相继开放，吸引很多来自天津市区、北京的游客前来。从前武清被称作天津的"乡下"，现在我觉得它可以被称为世外桃源。

说起交通我便会想起一辆辆红通通的三蹦子，在没有正规出租车前，三蹦子是学生们通常选择的交通方式。坐蹦子的感受就是一个字"颠"！感觉连说话发出的声音都在颤抖。大概是价钱优势吧，大多情况下大家还是会选择坐蹦子，因此出现了蹦子空前繁多的盛况，连外教都知道"蹦蹦

car"。后来由于安全隐患，三蹦子在我读高中的时候开始被取缔，我们学生连声叫苦，还好随后出现了正规的打表出租车，缩短了交通黑暗期。在这件事上我很钦佩政府的执法力度，取缔不合法交通工具的同时有配套完善的措施。当然改变百姓生活最大的要数京津城际列车的开通了。武清素有"京津走廊"的美誉，很荣幸成为京津城际中途唯一的停靠站。到天津市区走高速大概要50分钟，乘坐动车的话15分钟就到了，我们常笑说是凳子还没焐热就到站了。开通直飞台湾的航线也极大地便利了我们家的生活。从前母亲在广州，我和父亲在天津，返台都必须在香港机场转机。为了能在香港会合乘坐同一班飞机，在候机楼等对方等个几个小时也是常态，要是遇到航班延误就更头疼了，先到的人等得久就不说了，还可能赶不上下一班航班。如今开通了直飞与"小三通"，终于实现了点与点间直线航行，再也无须折线式绕路回家。

还想夸一夸大陆电商及物流业的发展。又要吐槽一下之前我们的"囧样"。从前一般台湾工作人员离家会带两个箱子，一箱装衣物，一箱全是物资。我见过最夸张的是连洗衣粉也扛过来（说是原本以为洗衣粉有问题导致衣服洗完总是硬的，结果后来才发觉是水质的问题）。我们家的话则偏爱带一些台湾美味，如香肠、贡丸、咖啡豆以及各式调料什么的。如今淘宝的出现，不要说台湾代购了，就是国外的日韩欧美代购，只有你想不到的，没有你买不到的。

思绪搁浅时，那一抹洋溢在心底的暖意便是岁月沉淀的芬芳。我还有很多道不尽的故事无法一一分享。不管是以前朴素可爱的武清，还是如今早已搭上京津冀一体化的顺风车而焕然一新的武清，我都深深爱着。当然我也爱着你——台湾——我出生的这片土地，你孕育了我的生命，也承载着我最爱的家人们。我只是一介市井小民，我谈不上国家大事，也不愿与谁激烈争夺，只是作为一个见证者讲述我所见之物。

以梦为马，筑梦中华

经济学院　经济大类　2018级本科　台湾　黄映晴

弹指间卅载光阴逝去。忆往昔，峥嵘岁月稠，四十年前，神州大地一声春雷惊起，父辈们筚路蓝缕，砥砺前行，几十年的漫漫征程，披荆斩棘，尝尽凉薄甘苦；看今朝，吾辈奋勇直追，一路行歌万里。

在这不断快速向前发展的时代，时间的洪流裹挟着人们向前奔涌，跌跌撞撞，我们还未站稳脚步，又再次向前。"白云苍狗有时尽，岁月变迁诉不完"，四十年可谓日新月异，我们推动新事物不断向前发展的同时，也不忘传承我们赖以生存的民族文化。

过去的四十年，中国这辆飞奔向前的马车终于放慢了挥鞭的速度。为了追求美好生活，中国经济由高速发展向高质量发展转变。比如，共享单车以其低成本、便利化的特点如雨后春笋般应运而生。四年中，共享单车"攻陷"中国大街小巷，"霸道"占有人们出行的"最后一公里"。以共享单车为代表的"循环经济"方兴未艾，在被点赞和被苛责的舆论中踯躅。

智者筑桥，愚者筑墙。桥，联通世界，冲破阻隔；墙，筑成堡垒，隔绝交流。智者所想，是博采众长；愚者所思，是故步自封。前有西汉张骞出使西域，开辟古往今来丝绸之路；后有郑和下西洋，耀中华风光。即使一些过失使我们百年徘徊，而新时代高铁的蓬勃发展，从黄沙漠漠的西部戈壁到熙熙攘攘的东部平原，我国高铁串珠成线，连线成网，让"高铁梦"一步步成为现实，将中华复兴驶向更远的未来。四通八达的高铁不仅深刻地改变国人的生活，也广泛地影响世界。在短短的几年内，中国高铁便领跑世界，为"一带一路"倡议奠定坚实基础，实现了中国制造的华丽转身。墙不会带我们走向远方，但桥会。中国以更加从容自信的姿态加快开放和交流的步伐，创造了一条共赢共建之路。

中华复兴，不仅是在提高国家经济水平上，更应注重国家文化软实力的建设。倘若失掉了文化自信力，民族复兴将会失去灵魂，无法凝魂聚气、强基固本。

近年来，随着国人对优秀传统文化关注的提高，传播优秀传统文化成为媒体责无旁贷的使命。从《中国诗词大会》到《国家宝藏》，优秀传统文化不再被"束之高阁"，而是慢慢地揭开它神秘的面纱，放下它的"身段"，贴近我们的生活。笔者以为，优秀传统文化之所以能够实现现代转型，在于它能够与时俱进，顺应时代发展潮流。它唤醒了一个群体对传统文化的情感，对"真善美"的追求，唤醒了沉淀在人们心灵深处的情感寄托。身处于新时代的我们仍然渴望传统文化的回归，渴望得到优秀传统文化的浸润，而不做那"病梅"，被物欲横流的社会侵蚀，缺乏积极向上的驱动力。

乡愁是什么，对于余光中先生而言是那一湾浅浅的海峡，他在这头而大陆在那头。小时候随着家人来到厦门的我，对故乡的概念早已模糊，如果说台湾播种了我生命征程的种子，那么祖国大陆便是滋养抚育我的阳光，二者缺一不可。海峡两岸人民同属华夏文化血脉，是同一片土地开出的双生花，同根同源，才有了大陆与台湾千丝万缕的联系。常言道：落叶归根。立足之处纵远，心之所向应是故乡，而这需要你我以爱为名，融化隔阂误解这座冰山。中华复兴正在进行，愿你我共同奔走在腾飞的路上，携手齐并进，休戚相与共，沐浴属于我们的骄傲与荣光。

梁启超有言："少年强则国强，少年富则国富。"我们是千禧一代，作为当代青年应心怀鸿鹄之志，勇做时代弄潮儿，纵中华复兴之路道阻且长，吾愿溯流而上！

奋进新征程

共圆中国梦

同心共筑中国梦

新　梦

外文学院　英语语言文学系　2018级硕士　台湾　郑雅纶

古罗马时代著名的哲学家小塞涅卡曾言："如果一个人不知道他要驶向哪个码头，那么任何风都不会是顺风。"梦想是盏航灯，带领船只乘风破浪，无惧风雨；梦想是曙光，划破亘古的黑夜，照亮旅人前行的路途；梦想是人生在世不可或缺的一部分，否则生命便将茫然无序，一事无成。一个人的梦想如此，一个民族，一个国家，更是如此。

在新时代的海洋，持着绘制的新蓝图，我们有幸能见证一段新征途的开始。近年来，两岸交流越发频繁，还记得在大学时，曾经与来自北京的友人一同在星空下，开怀大笑，秉烛夜聊。此刻，终于换我有机会一睹这大片山河的美好。走过了山水甲天下的桂林，沉浸在唐朝诗人韩愈所描绘的"江作青罗带，山如碧玉簪"之中；来到辉煌的东方明珠上海，五颜六色的光影流动在外滩的街道上，我醉心于张爱玲笔下这座风情万种的城市；也漫游过北京，寻访它厚重庄严的古老历史，敬畏于泱泱大国的脊梁——万里长城。而在这广袤的国土上，还有无数等待我探索的秀丽山川。

这幅美不胜收的画卷，源于家国的复兴与强盛，而这复兴与强盛，又归功于中华民族的团结一心。中国以令人惊异的速度崛起，2008年北京奥运会，2010年上海世博会，都使中国在国际舞台上大放异彩。经济上，许多企业如腾讯、阿里巴巴等都在全球20大企业占有一席之地，支付宝、微信等平台大幅提升了民众的生活品质，在一个小小的二维码背后，蕴藏着的是一股庞大而无法轻视的能量，串联着点与点，化作遍布各地的血管，为中国注入了鲜活的血液与力量。与此同时，复杂多变的国际局势，以及随着各类变迁应运而生的社会问题，都是我们必须勇于直面的关卡，实现中华民族的伟大复兴和宏伟的中国梦更是每个人共同的责任，我们均应参与逐梦的伟大征途，而非做旁观者。所谓"人人可为，时时可为，处处可为，事事可为"，只因这份梦想是我们的灵魂与信仰，只要万众一心，就能让梦想成为现实，奋斗化作壮举，生命创造奇迹。

2019年恰逢中华人民共和国成立70周年，也是《告台湾同胞书》发表40周年，就伫立于这个历史性的交叉口，回顾过去，见到来时路崎岖坎坷，万千艰难，而展望未来，则是锦绣般的万里征途。无可否认，我们正处于一个快速变革的时代，日新月异的科技发展，瞬息万变的国际局势，都是前行的海洋中那些不可避免的潮起与潮落。这些危机和转机，正是我们在新时代、新征程所面临的挑战，但"能用众力，则无敌于天下矣；能用众智，则无畏于圣人矣"。只要人心齐，不怕不能撼动泰山。让千千万万盏明灯汇聚一处，便能拨开云雾，见得耀眼的青天。

异家？一家！

新闻传播学院　新闻学系　2016级本科　台湾　林矜琪

父亲曾告诉过我，从前台湾很多小学的门口会写着"做个活活泼泼的好学生，当个堂堂正正的中国人"。只是，近二十年"台独"势力猖狂，有些人已经不愿意提起中国人这个身份认同了。而我，是一个不折不扣的"两岸合作的产物"，所谓"两岸合作"，不过就是我的台湾父亲娶了一个大陆的媳妇。我出生在20世纪90年代末的台湾，如果要问我对那时的台湾有什么印象，我只能说在我还在襁褓里的时候经历了一次1999年的"9·21"强烈地震，至于其他的，我能介绍的真的所剩无几了。随后，我来到了大陆，在这样一片广阔土地上，一待就是17年。这些年来，我一直带着"台湾人"的头衔在大陆生活，从儿时面对旁人的种种疑问、诧异再到现在的无奈与习惯。

"诶？你一个台湾人为什么会来大陆上学？""你是台湾的？怎么一点台湾腔也没有啊？"……当我面对这些疑问时，我心里总会咯噔一下，很想告诉他们其实我根本称不上是一个台湾人，但我没有那样说，我会笑眯眯地跟别人说："我很小就跟父母来大陆了啦。"有时还会装出那嗲嗲的台湾腔。因为那时的我总有台湾就是比大陆发达诸如此类的可笑想法。

19年在大陆的生活让我爱上了这片土地，也更深地融入这里，我曾在天津住过一段时间，那里人们的热情让我感到宾至如归，这种热情不是装出来的，而是发自内心的欢迎。早些时候的小学总是早早就放学，因为父母下班较晚，我就被放到了邻居杨阿姨家，杨阿姨是个地道的天津人，一开口就操着浓厚的天津腔，让人听了就想笑。她是一个家庭主妇，却从不会给人邋遢的感觉，每天都把自己打扮得整洁利落又不失女人味，一头卷曲的黑发在走路时柔柔地左右摇摆，年轻时文的眼线使她又多了份妩媚，她总是愉悦地面对每一天，想必在她心里，"女容，为悦己"。俗话说"南甜、北咸、东辣、西酸",再加上地处九河下梢的天津卫,盛产鱼、虾、蟹、贝等水产品,我又天性喜咸,所以每次去杨阿姨家最幸福的事就是可以尝到地道的天津美食,令我印象最深刻的就是那焦黄色的红烧鱼,色味俱全,入口即化,真的回味无穷。我们一家与杨阿姨一家已经算得上亲人一般的关系了,每逢自家做了美食,不等妈妈开口,我总是最先想到杨阿姨,端着那热气腾腾的菜肴便去送给杨阿姨,真是令人哭笑不得。不得不说,我在天津收获了满满的感动。

后来因为父亲工作的变动,我们搬离了天津,那种思念虽称不上思乡情,但心头总是怀念那可爱的地方,那朴实的人们,在我眼里,天津也算是我的第二故乡了。

高三那年,我来到了苏州学习港澳台联考的课程,备战我眼里的"高考",直到那时,我才更深层次地接触台湾,接触台湾的文化,也才发现自己的格格不入。班上30个人中有20个都来自台湾,起初他们娇嗲的台湾腔让我起了一身的鸡皮疙瘩,当他们在团团围坐着聊天时,我只是在一旁静静地听着,完全不想参与。"我真的好不想来大陆啊,台湾比这里好多了"……他们你一言我一语地谈论着他们口中祖国大陆的种种弊端,将台湾捧上了天。敬人者,人敬之,我暗暗在心里咬牙切齿,反驳多了却也变得心有余而力不足,大陆虽有种种不好,但大陆也在慢慢地改变,不是吗?为什么要把这里说得如此不堪?然而,当我面对一些大陆人对台湾的闲言碎语时,我也总会愤愤不平,去理论,去消融误解、刻板印象和隔膜。我真的时常在想到底是因为什么让两岸的关系变得如此紧张,为什么两岸的同胞们不能互相少一些刁难多一些真诚?可以这样说,我的身份是可以转化的,有时,我是一个大陆人,但有时,我会为了台湾而挺身。

讲了如此这般,我并不是想挑起两岸的矛盾或是其他,而仅仅是想表达我渴望两岸相互接纳的心声,因为我是台湾人,我当然也是一个中国人。不论是在大陆还是在台湾,我很感谢我的身份,它让我更深地认识到两岸的现况与差异、两地不同的人文与习俗,我会很自豪地告诉他人我来自台湾,中国的台湾。

一个平凡的香港女孩的梦

外文学院　英语　2018级本科　香港　柯若琳

香港—厦门

如同许许多多的香港女孩一样，她居住在小房子里，却憧憬着无限的未来。可是未来好大，前路好多。她不知道她的梦想在何处。最终她决定去兼职赚钱。或许她的梦想就是能够经济独立吧！面包店，拉面馆，服装店……一个星期里她跑了各式各样的店铺寻求兼职机会。"有消息我会电话通知你"，"我了解了，你可以回去等电话了"，"有情况电话联系"……给了无数人电话号码，却迟迟等不来一个电话。不谙世事的她，渐渐地开始了解了香港一份兼职竟然有这么多人抢着要做，甚至做一份普通的餐厅兼职都有无形的压力压在肩上。上天似乎总会在关键时刻同情值得怜悯的人，她终于等到了面包店的电话，过上了夹面包、收银、打扫店面的兼职生活。可是她还未从找到工作的喜悦中走出来，就慢慢地发现机械般无趣的生活和一点点消磨她的工作不是她想要的梦想。她想要接受更好的教育，想要接触更广阔的天空，想要当一名教育工作者，想要一个更精彩的人生。

她开始思考如何才能实现自己的愿望，作为香港人，她深知申请香港高等学府的机会几乎渺茫，这让她一度陷入焦虑当中，但是为了实现愿望，她必须不断努力，努力寻找机会，努力提升自己。有一天，她知道了联考。如同掉入深井里而后看到了井口抛下来的麻绳，她看到了希望。她进入了联考机构，开始同几千名孩子一起，为自己的梦想而奋斗，兴奋，努力，迷茫，惶恐，振作，拼搏，一年过后，她来到了厦大。她知道自己为实现梦想跨出了一大步。

厦门—香港

在广东备战联考的时候，虽然广东和香港紧紧地挨着，但一道道烦琐的安检程序和换乘工具让她回家并不方便，再者因为学业繁重，所以她思念家人的情绪也不敢轻易外露，只能自己在心里幻想着能再快一点回家就好了。2018年10月24日，港珠澳大桥开通运营，她梦寐以求的愿望实现了！不用麻烦的安检程序，不用头疼的换乘路线。香港和珠海如同身体的器官，完美地由发达的血管连接在一起。不仅如此，2018年9月23日，厦门直通香港的动车开通，她作为在厦大上学的一分子，当天在宿舍里开心得手舞足蹈，没想到到了厦门，回家甚至比在广东读书的时候更方便了。

缔造梦想

来厦大读书后，她发现她深深地喜欢上了这座城市，并且决定在这里实现她当老师的梦想，以前香港学生在厦门没有内地身份证，是不具备考教师证书资格的，这让她有点失落和沮丧，但她发现，现在香港学生可以办理居住证，等同于内地身份证，因此她具备了在厦门当老师的条件。这意味着，她可以不必在香港这个工作竞争压力巨大的城市谋求工作。这个普通的香港女孩获得了实现梦想的更大的可能性，她，在一步一步地缔造着自己的梦想。

携手共筑中国梦，砥砺奋进新未来

软件学院　软件工程系　2018级本科　香港　吕晓鹏

曾记否，到中流击水，浪遏飞舟？

泱泱中华，上下五千年。忆往昔，民族先烈，团结一心，浴血奋战，共筑中华。革命先辈披荆斩棘，千难万阻，始终风雨兼程，筚路蓝缕，正是如此，使得中华民族历史车轮滚滚而前，才有了我们如今美好安康的幸福生活。

光阴荏苒，转瞬之间，香港回归已有二十余载，2019年恰逢澳门回归20周年与《告台湾同胞书》发表40周年，更是中华人民共和国成立70周年之际！身为新时代的大学生，我深深地为自己是这时代发展浪潮中的"浪花"而欣喜，更为祖国日渐发展、愈发强大而感到自豪！

儿时，懵懂的我总好奇着到底什么是"一国两制"？看着墙上如同雄鸡一般的地图，我总思索着什么是特别行政区？每每询问妈妈，她总说："'一国两制'，就是邓小平爷爷提出的，在一个中国的前提下，在国家主体实行社会主义制度，在香港澳门地区保持原有的资本主义制度长期不变。"小时候的我一知半解地点头，什么是社会主义什么是资本主义也让我听得云里雾里。慢慢地，我也长大了，在课堂中，我慢慢懂了妈妈以前说的话，也懂得了妈妈轻快的话里藏着的那些沉重的历史：伴随着第一次鸦片战争的硝烟，英国叩开了中国的大门，清政府因为"闭关锁国"，孱弱无能，导致香港被无情地"割让"或"租借"给英国。课堂上老师仿佛将我的思绪带回到了那个战火纷飞的年代，我时而为清政府的昏庸而痛心疾首，又时常因为英国的侵略而愤懑不平……

以史为鉴，可以知兴替，也正是对这些屈辱历史的正视，我明白了：封闭就会落后，落后就要挨打。这更让我想到身为一个新时代的大学生，身上肩负着的新使命！在古代，栋梁乃朝廷之根本；现今，少年乃国家之基础。少年富则国富，少年强则国强，国家今日的成就，靠的是先辈们日日夜夜的呕心沥血，国家未来的辉煌又怎能停滞，又怎能在我们这新时代的少年手中破坏？中华民族数千年来的风风雨雨，再至中华人民共和国成立七十多年来的从无到有，这是无法想象的创举，尽管没经历过那些艰苦的时期，我们不会忘记40年前老一辈人过的艰苦日子，但是我仍能感受得到革命先辈们在艰苦卓绝的环境中披荆斩棘，反观当今，已拥有了较为富足条件的我们又怎能停下步伐，站在巨人肩膀上的我们目光又岂能放在当今，想到这，我更加珍惜如今幸福的生活，心中的意志也更坚定了！

曾经，中国为四大文明古国之一，文化流传深远，历久弥新，而后，又让世界见识了大唐盛世，吸引无数人朝拜。然而，曾一度领先于世界的中国因清朝闭关锁国而衰落，无情地被列强侵略了港澳地区，沦为半殖民地半封建社会……一步步退让只会任人宰割。但是，如今这一切都已经结束了，人为刀俎、我为鱼肉的时期已经挺过去了！如果说1949年中国人民站起来了，那么当今时代，我们中国人民强起来了！新的时代已经来临，我们也应肩负着新使命开始这段全新的征程！

当下，在这风起云涌的世界赛场上，中国已然成为不可缺失的一位，习近平总书记更是提出"实现中华民族伟大复兴"的中国梦！是呀，曾经傲立世界的雄狮早已睁开睡眼，是时候彻底觉醒了！感受着这十几年来日新月异的变化，我更加坚信中国梦必然实现！世界已然注意到了我们中国的崛起，正如近日向我们发起贸易战的美国，已然意识到我们中国正以飞速发展，妄图通过打压来击垮我们国货"华为"。然而，我们已经不再是以前那个依靠外国科技的国家了，在国家的全面发展下，我们的科技也有了显著的进步。身为大学生的我们，更加应该努力学习科学文化知识，扩大自己的知识储备，让自己变得更强大。先辈们振兴中华，而我们新一代的大学生要做的事是昌盛中华。

怅寥廓，问苍茫大地，谁主沉浮？

铅华褪尽，大浪淘沙。看如今，同学少年，携手并进，奋发进取，共取佳绩。中华儿女踏上阳关大道，锦绣前程，始终虚怀若谷，不卑不亢，正是如此，中国愈发强大，凝聚着全国各地同胞力量的中国梦亦越来越近。勿忘昨天，抓紧今天，追忆过去，展望未来，我相信明天的太阳一定会更加美好！

同心共筑中国梦

医学院　口腔专业　2018级本科　台湾　许芮绮

　　在我的印象中，我除了出生在台湾，其余的时间都是在大陆生活。在这十八年来被问得最多的问题无非你对台湾和大陆的关系有什么看法。我作为一个台湾人同时也是一个中国人，会明确而坚定地回答：中国收复台湾势在必得，无论是历史遗留还是实时，台湾本来就是中国的一部分，只是被"台独"所掌控，即使他们现在洋洋得意，但是总有一天会让他们清楚地意识到台湾回归才是最正确的决定，坚持一个中国原则，即使大陆与台湾尚未统一，但两岸同属于一个中国的事实从未改变，国家领土和主权从未分割，也不容分割。

　　在台湾有很多种不同的认识。就民间来说，老一辈的人都认可大陆才是故乡；而相对年轻的一批人或者说相对激进一些的人，他们认为这个故乡太虚无缥缈，故很多时候甚至不承认自己是中国人，而只是台湾人。就政坛上，主要有蓝绿营。其实我觉得在台湾的任何人对大陆都有一种陌生的害怕。对于很多台湾人来说，他们既盼望两岸统一又有些担心。

　　"葬我于高山之上兮，望我大陆，大陆不可见兮，只有痛哭。天苍苍，野茫茫；山之上，国有殇。"两岸分离，非于老一人之殇，实是整个中华民族之殇。但哪怕现在看来统一之日尚未知，我们也从不曾怀疑中国必将统一的事实。这个目标，激发着我们不懈努力，这是每一个有良心的中国人的责任和使命。

　　在外一天，就一天魂无定所、行无依归。

　　就现在而言，对统一事业的努力，从另一个角度来说，也是对大陆不断改革和发展的促进与鞭策，正如孟子所言：无敌国外患者，国恒亡。实现国家的统一，才能实现中华民族的伟大复兴。因而，在我看来，两岸统一之时，才是雄狮真正怒吼之日。这无论对增加国人民族自信心还是重振大国雄风，都具有里程碑式的意义。

中国在经过几千年的沧桑岁月后，终于把全国十几亿人牢牢凝聚在一起，是我们共同经历的非凡奋斗，是我们共同创造的美好家园，是我们共同培育的团结精神。纵观中华民族五千年文明史，回归已成中华百花园里的一道亮丽风景。实现祖国统一，对于加强团结、实现中华民族伟大复兴的中国梦，具有重要的现实意义和深远的历史意义。

在《告台湾同胞书》发表40周年纪念大会上，习近平总书记发表重要讲话。祖国必须统一，也必然统一。对于两岸关系习近平总书记指出：第一，携手推动民族复兴，实现和平统一的目标。第二，探索"两制"台湾方案，丰富和平统一实践。第三，坚持一个中国原则，维护和平统一前景。第四，深化两岸融合发展，夯实和平统一基础。第五，实现同胞心灵契合，增进和平统一认同。

要想团结并带领全国各族人民实现中华民族伟大复兴的历史使命，就必须传承好各民族优秀文化，不断强化各民族文化认同，积极调节与港澳台的关系，夯实同心共筑中国梦的思想基础，激励全体中华儿女不断奋进，凝聚起同心共筑中国梦的磅礴力量。

历史不能选择，现在可以把握，未来可以开创！新时代是中华民族大发展大作为的时代，也是两岸同胞大发展大作为的时代。

同心共筑中国梦

外文学院　德语　2018级本科　台湾　周琦

"历史不能选择，现在可以把握，未来可以开创！"

不负历史

　　台湾，是中国大陆东南沿海大陆架上一座美丽的岛屿，百年来几经风雨，一度落入侵略者手中，却折损不了她的美丽。1840年以来为战胜外来侵略，争取民族解放，实现国家统一，中华儿女前仆后继，进行了可歌可泣的斗争，而其中台湾人民也团结一致，为重回祖国怀抱作出了重要贡献。

　　但是在中国同世界一道，取得了中国人民抗日战争暨世界反法西斯战争伟大胜利，台湾随之光复重回祖国怀抱后，由于中国内战延续和外部势力干涉，1949年国民党当局退据台湾，台湾再次与大陆隔海相望，海峡两岸陷入政治对立的特殊状态。1979年一封《告台湾同胞书》打动了无数的两岸人民，而2019年习近平总书记在《告台湾同胞书》发表40周年纪念会上的讲话也拨动了无数人的心弦，同样也像一把利刃刺进了"台独"人士的心。2019年，海峡两岸分隔已有70年之久。在这70年里，中国共产党、中国政府、中国人民始终把解决台湾问题、实现祖国完全统一作为矢志不渝的历史任务。两岸团结，推动形势从紧张对峙走向缓和改善，进而走上和平发展道路，两岸关系不断取得突破性进展。

把握现在

　　而如今，民进党的执政使得两岸关系面临风险和挑战，但是由于这70年里两岸实力大转变，尽管政治形势紧张，两岸人民的交流却没有因此减少，两岸融合发展也不断推进。习近平总书记指出："从根本上说，决定两岸关系走向的关键因素是祖国大陆发展进步。"

出于家庭的原因，我们家十分关注海峡两岸的形势。记得少年时父亲回家，总是雷打不动地带着我和母亲看央视新闻节目"海峡两岸"，告诉我总有一天台湾会回归的，这个想法在我心里生了根。我的母亲是在台湾长大的，而我的父亲是土生土长的大陆居民，他们相遇在江苏的宝应，那时台湾当局允许台湾居民来大陆探亲，我的父母就在那时结下了良缘。小时候周围的人都说我的出生是个奇迹，是我名字的由来。父母时常会和我说他们的故事，同样出生在20世纪70年代，那个时候，父亲每次放学回家，就开始写作业，写完之后便是种田洒农药，而母亲则是回家看电视，每个月有零花钱可以租漫画看（而父亲家里在很久之后才买得起电视，但也没有多少时间能看）。两个家庭背景相差如此之大的恋人隔着一个台湾海峡愣是用一封封的书信架起了沟通的桥梁。两人结婚后，随着时间的流逝，他们见证了两岸关系的发展变化。在时代的大背景下，如今母亲家里在外祖父外祖母走后已然中落，很难再振作，家里的舅舅萌生了来大陆发展的想法；而父亲则是在大陆迅速发展的影响下，脱离农村贫困向小康发展。父亲和母亲不止一次地说过，我们一直都是一家人，就像两岸永远都是一家人。

作为新时代下的新青年，我真切地感受到了国家对台湾同胞的亲切关怀。作为一名大一新生，我体会最深的就是国家港澳台华侨联考的政策，让我们能有更多的机会上更好的大学，得到更优质的教育。

在拿到"中华人民共和国台湾居民居住证"的那一刻，我真的有了更强烈的归属感，坚定了我为两岸关系和平发展作贡献的决心和信心。

开创未来

2019年，海峡两岸分隔已经70年了，我们也迎来了改革新时代，作为在大陆的台湾青年，我们有了新使命，开启了新的征程。正如习近平总书记所说，"两岸中国人、海内外中华儿女理应共担民族大义、顺应历史大势，共同推动两岸关系和平发展、推进祖国和平统一进程。"

或许前进的道路不会一帆风顺，但是只要我们同舟共济、共同奋斗，就一定能够共创中华民族伟大复兴美好未来，就一定能够完成祖国统一大业。让我们一起携手并进，开创未来！

站立时代新起点，共做同心追梦人

法学院　法学　2018级本科　香港　孙千雯

　　这几年来一直能听到这样的一句话："我们活在有史以来最好的时代。"诚然，当今中国和平稳定，民主法治，繁荣富强，人民安居乐业，幸福生活。我认为，即使在古代封建时期的盛唐年代，人民真正的幸福感也不比我们现在强。封建主义的背景注定人们没有如同当今社会的民主自由，因此说我们活在最好的时代。在国家背负新使命、面临新时代时，站立在新起点的我们，应当回顾历史展望未来，共做同心追梦人。

　　2019年是中华人民共和国成立七十周年，距离摆脱腐朽封建旧势力的压迫和殖民主义外国列强欺辱的日子已经过去了七十年，七十年里新中国有喜有悲，在艰难的风雨路途中砥砺前行，从不放弃。这让我看到，祖国的这种勇往直前的精神正是中华民族几千年来从未被打倒、始终屹立于世界东方的民族精神。

　　从家中祖辈的故事里我也同样能读出祖辈身上贯穿于血脉中的中华民族的优秀精神。外祖父一家早年下南洋经商，外祖父口中的外曾祖父是一个勤劳能干的人，面对经商的困难、异国他乡的孤独和经商过程中外国人的刁难，他始终不卑不亢，勤劳本分地做自己想做的事，做事一定要做到最好，为梦想而努力奋斗。最终，他在南洋有了一定规模的产业，能够站稳脚跟，给家庭最好的生活，给祖国故乡的亲人寄回最好的物质。随着年纪越来越大，思念祖国故乡的情感越来越浓烈，于是他们踏上了回国的路程。回国后，遇上抗美援朝战争，响应国家号召，外曾祖父将毕生大部分积蓄捐给国家，为国家出了自己的力量，少时的外祖父不解，他不明白为什么把自己家的钱捐给国家，外曾祖父只说了一句话，国和家是一样的，现在正是国家需要的时候。

　　这与我们学校的校主陈嘉庚的想法是一致的，身在海外的陈嘉庚心怀祖国，支持抗战，回国捐资办学正是出于这样的想法。我想，在华侨心中，他们最美好的心愿就是希望自己的祖国繁荣富强，只要祖国需要，随时贡献力量。2019年我获得了陈嘉庚奖学金，这个奖学金设立的初衷是为了更好地继承和弘扬嘉庚精神。现在的嘉庚精神所体现的不仅是华侨的爱国主义、坚韧不拔、勤勉节俭和无私奉献的精神，更是一代又一代人之间的教育和传承。作为厦门大学的学生，我要在嘉庚精神的指引下，做到热爱祖国，铭记历史，追求上进，用一生践行校训"自强不息，止于至善"，这也正是中华民族精神的体现。

　　2019年是澳门特别行政区回归祖国二十周年，我不禁感叹，距离历史上所记载澳门被葡萄牙侵略者所入侵的时间已过去四百多年，中国对澳门恢复行使主权也已过去二十年，时光飞逝，历史的脚步从来不给人停留的时间。二十年里，澳门在"一国两制"制度下原有的生活方式和社会各制度没有改变，在与祖国内地、港台地区以及全球的交流中不断发展，走向高度自治下的繁荣。2017年7月1日，是香港特别行政区回归祖国二十周年的日子，那一天我从电视上看到了新任行政长官林郑月娥的宣誓就职典礼，街道上挂满了庆祝回归二十周年的旗帜，人们脸上洋溢着快乐，晚上我在维多利亚港码头观景台观赏了庆祝回归的烟花表演，在人群的一声声欢呼和一束束美丽的烟花光芒下，我真实感受到了香港、香港人民对于回归祖国的深厚情感，中华民族血脉中不可分割的是共同的情怀，不论制度是否相同，历史轨迹是否相像，在"一国两制"的建构下，我们所追求的是同一个中国梦。在科技发达、社会飞速发展的今天，"中国梦"所缔造的美好愿望是中华民族的共同愿望，需要我们携手共同实现。中国梦的筑造不能缺少台湾地区的力量，从四十年前发表的《告台湾同胞书》中就能看出大陆人民对台湾的情感是不容割舍和改变的。这学期我选修了许多节我们学校台湾研究院的课程，从研究院老师的课堂上，我了解到许多以前未曾听闻的历史文化知识和台湾的故事，随着对台湾与祖国大陆的历史渊源、各领域交流的进一步了解，我认为与台湾和平共赢交流，促进两岸共同发展，祖国统一大业实现指日可待。

1841年英军登陆香港之地：上环水坑口街

　　曾与伙伴在假期时漫步香港上环的街道，那里留有香港旧时的风貌和味道。1841年1月26日英军在今上环的水坑口街一带登陆，那里成为香港被殖民统治历史的起点，从此香港被迫"对外开放"直至回归祖国。2018年是我国改革开放四十周年，1978年12月开始实行的这一对内改革对外开放的政策，是加快我国现代化建设的必然选择。我国积极地对外开放，加快"引进来，走出去"的步伐，融入世界发展的潮流，跟随时代的脚步一同前进。近代以来被迫对外开放和受侵略压迫的年代已经不复存在，当代中国的强盛决定着能够自主选择对外开放。本学期初，我跟随学校的组织参加了香港特别行政区政府驻福建联络处举办的"飞跃四十载　同发展·共繁荣"香港特区政府庆祝国家改革开放40周年的展览开幕式，展览以图文的形式展示了国家改革开放以来，香港与内地在各个领域的合作与交流以及改革开放对于香港的意义。在改革开放的进程中，香港发挥的作用是开创性、持续性、深层次、多领域性的，与国家同心，逐步融入国家发展大局，同祖国一同展望未来，开创新机遇。在国家"一带一路"倡议下，发挥香港优势，全面参与和助力"一带一路"建设，这对于香港自身的发展和国家的发展都具有时代意义。

2019年3月香港特区政府为庆祝国家改革开放40周年举办的
"飞跃四十载　同发展·共繁荣"展览

近年来港澳台地区与大陆的交流渐入佳境，国家的许多措施都在为更好地利用各地优势，共创未来新时代做准备。2018年9月23日，中国高铁香港段正式开通，标志着香港交通出行更加便利，进入四通八达的中国铁路网络，交通先行，对于其他领域各项合作均具有积极作用。2018年10月24日，港珠澳大桥正式通车，粤港澳三地的联系更加紧密，大桥将为大湾区建设发挥重要作用。2019年3月，据报道，意大利决定返还中国700多件文物。历史上意大利与中国的交往可以追溯至汉朝，当时两国互通友好，进行贸易往来，而近代意大利参与侵华战争，在中国沦为半殖民地半封建社会时曾侵害中国。时过境迁，当今中国综合国力强盛，意大利主动归还历史文物的行为是为加强与中国的合作交流以维护其自身利益的表现。我国儒家思想倡导"和为贵"，在和平共处的今天，我国愿意与友好的国家进行合作交流。我不禁感叹，国家的国力强盛是一切活动的基础条件，维护国家利益是我们的基本义务。由于我的专业是法学，近来多关注祖国内地与香港地区签订、协定的一系列促进两地法制交流的新闻，即使法律渊源、法律结构、诉讼程序等方面有所差异，但在本质上都是为了国家的稳定繁荣、社会的长治久安、人民的幸福安全作出应有的保护。

分属两个法系的两地有融合有交流，结合二者优势，促进法治化进程新的高度的建设。希望有朝一日我能将专业所学投入中国梦的建设中去。

作为站立在新时代起点的新青年，未来面临着国家的内部调整和改革，国际的机遇和挑战，虽然身处最好的时代，却不能松懈力量，我们要居安思危，并时刻维护国家利益，这是作为中国人的本分和义务。我愿秉承厦大传统的嘉庚精神及中华民族自强不息的精神，同所有中国新青年一道，同心共做追梦人，为实现中国梦而奋斗。

缠绕在我心头的爱国情

经济学院　经济系　2017级本科　澳门　陈宣屹

一九九九年的那些事

一九九九年的九月二十九日，我来到了这个世界。初次到达的地方，是中华人民共和国福建省宁德市的一家医院，想来在那间病房里环绕着我的爷爷、奶奶、爸爸、妈妈，一定亲切又热诚地一遍遍呼唤着我。

"一九九九年十二月二十日零时，中葡两国政府在澳门文化中心举行政权交接仪式，中国政府对澳门恢复行使主权，澳门回归祖国。"

尚在襁褓里的我不明白这意味着什么，也不知道我旁边的母亲会是怎样的心情。我的外公外婆早早就在澳门生活，妈妈在内地顶着压力和我父亲结婚——她后来告诉我，在澳门回归之前，澳门和内地之间隔着的不是一个珠海市的拱北口岸，是葡萄牙狠狠啃下的"伤疤"。因此，她常因为不能在身边孝敬父母而内疚，也会思念父母、夜里神伤。但这一天，澳门回归了，跨过千难万险，回归祖国的怀抱，而妈妈的心是否离外公外婆的心近了一步呢？

此情此感，我以歌言：

> 我在襁褓里，在中国，妈妈在身边；
> 妈妈在宁德，在中国，所念珠海边；
> 澳门在海边，在中国，回归在今天；
> 外婆在澳门，在中国，女儿未走远。

二〇〇几年的那些事

那年，家里换了新的彩电，买了DVD机，我也离开了幼儿园，那个暑假，我本会在10块钱一张的《虹猫蓝兔七侠传》108集全集盗版光碟里度过我的夏天。可妈妈告诉我，我们要去遥远的珠江边，看妈妈的爸爸妈妈。我开始幻想：他们会像爷爷奶奶一样，给我买零食，逼我吃一整碗饭，或者把我从村子里的角落拎回家吗？

跟着妈妈跑了好多地方，那些叔叔阿姨都穿着一样的制服，暑假过半，动画看了几集，妈妈拿着好不容易办出来的一次性探亲证告诉我：我们要出发去澳门了。

出发前妈妈和我说："我们要去澳门了，在那里你要好好跟着我，不然他们听不懂你说话，走丢了就回不来了！"

"澳门人说什么话呀？"

"广东话，粤语！"

"妈妈，能教我两句吗？我过去可以和外公外婆说广东话，'咸蛋超人'怎么说？"

"hang（第三声）dan（第二声）qiu（第一声）yam（第三声）。"

飞机很快，那是我第一次坐飞机，落地之后在澳门国际机场我追着每一个工作人员说我来之前和妈妈学的蹩脚广东话。当时的我大概在闹着要吃冰激凌，又在埋怨着澳门的夏天太热，所以已经记不清外婆和妈妈见面时候的场景了，只记得外公外婆看我的眼神和爷爷奶奶看我的眼神是一样的，同夏天一般炽热。

澳门塔很高，路边的那些建筑和外婆住的房子也比宁德的高得多，但是我没想明白为什么在这个大楼里，我和妈妈、外公、外婆只有小小的两个卧室一个客厅可以住；路边的小吃街什么都有，就是我听不懂老板说话，只有和外婆"艰难"的交流后，外婆才会用广东话和老板说要买猪扒包或者烧肉脯。

"放开肚子吃吧，探亲证到期了，明天就要回宁德了。"妈妈应该是这么说的，但当时还是小小孩的我也不知道什么是不舍，带着意犹未尽的

7岁的我在大三巴牌坊前神气十足

2006年的澳门官也街

新奇离开了这座比宁德发达一些的城市，却不知道这一次离开，再和澳门见面就是好几年后。

这座城市，用繁体字书写，人们讲着广东话，不过我可以感受到，他们对不会讲广东话的我并不排斥，那些叔叔阿姨又好笑又无奈地尝试和我交流，当时只觉得委屈，而现在回想起来，却多了一丝感悟：虽然澳门被分离，被压迫，无奈地沦为殖民统治，部分人的腐朽，部分人的自私，会让澳门蒙受殖民的统治，但不会磨灭中国人心中对祖国的认同，对故乡的思念。

那时葡萄牙人来到澳门，问澳门人这是什么地方，人们以为他们在问庙宇的名字，便回答"妈阁"。妈阁的由来是传说中天后娘妈以少女形象示人，喝令风暴停止，拯救了澳门人出海捕鱼的小渔船，故建妈阁以供奉娘妈。被殖民统治以来，澳门沦为葡萄牙贸易的港口，甚至无数澳门人被半骗半逼出国成为廉价劳动力，称作"猪仔"——娘妈见到这样的恶状，终究还是像百年前喝止风暴一般，拯救了这座受苦受难的小渔港。娘妈，百年前你以少女形象示人，百年后的今天你是不是隐藏在中国的中国魂里，生长在每一个流淌着中国血液的爱国者之中？

甚悲甚喜，感慨万千，写下几句小诗以抒胸臆：

渔人在海边，捕鱼且为业；
远方有风暴，逼近又肆虐。

　　娘妈今何在？娘妈心仍系，只是不堪言！

　　今日不可待，风暴快离去，从此不相见。

　　若是再见面，将举戈代礼，将驱之以剑！

二〇一九——澳门回归20周年、中华人民共和国成立70周年

　　时常不敢相信，距离我出生的一九九九年，也就是澳门回归的那年，已经过去了整整二十个春秋。十几年前初次到澳门，我还是个幼儿园毕业的小男孩，现在已经成为一名厦门大学的学生。过去几年间，我去了两次北京参加比赛，在广州度过了高三一年的时光，也到过武汉、长沙体验风土人情，还去过贵阳、桂林领略自然风光，这些城市自然是美丽的。但可能正是因为它们一直都在祖国的庇护之下，而澳门却是曾经历过这么多苦难，我的母亲曾为它的回归而感动欣喜，让我深切地为祖国感受到失而复得是如此珍贵。

　　我热爱我生活过、路过的每一座城市，因为我感受到祖国的土地在我的脚下，并且这土地比之前更坚实，不可动摇也不可分割。自新中国成立以来，它促进了香港澳门的回归、扛过了一次次金融危机，中国人民的精神联系在这几十年间愈发紧密。我始终坚信，即使有千沟万壑阻挡在面前，"中国"这个名字，是物质的保障，也可以是精神的寄托，都坚实地伫立在我们背后，在我们身前。

　　"中方不想打贸易战，但也不怕打贸易战，将继续采取有效举措坚决捍卫国家利益和人民利益，坚决捍卫经济全球化和多边贸易体制。同时，无论外界环境如何变化，中方都将按照既定节奏，坚持以人民为中心，坚定推进改革开放，坚定推进经济高质量发展，加快建设现代经济体系。我们奉劝美方回归理性，停止损人不利己的言行，这才是出路所在。"

　　中美贸易战的开始，是狂风骤雨到来。但狂风暴雨降至，势必要退缩吗？我知道有多少像我母亲一样的普通人因为澳门的回归而感动欣喜，所以明白捍卫属于自己的领土主权有多么重要。在如今的和平世界，

经济增长就是军力，贸易就是武器，他国妄图侵犯我国，必不能再有退让。

　　我坚信，我们的中国梦不是痴人说梦，而是面对千军万马的釜底抽薪的勇气，爱国情已经缠绕了我二十年，我与我的祖国共进退，风暴来临，以戈代礼，驱之以剑。

我的中国梦

经济学院　金融学　2016级本科　台湾　王祥蔚

何为中国梦

在广阔的亚欧大陆，有这样一个地方，它地大物博，它山河壮丽，它像一个巨人，屹立在世界的东方；在这样一个地方，有一个民族，自盘古开天地，三皇五帝始，先有大秦帝国的统一，汉唐盛世的风采，后有元朝远征欧洲，明代永乐盛世、清代康乾盛世；但在盛世繁华的背后，也曾有过像春秋战国的战乱，南北朝的对立，五代十国的颓势。这个民族，是中华民族，它所生活的地方，叫中国。正所谓，分久必合合久必分，但合终究才是历史洪流的方向，也是实现中华民族伟大复兴的重要途径。

中国梦的前世

在实现梦想的过程中，我们每个人都是平凡人，平凡但不平庸。在这平凡的世界中，我们要有坚定的理想和信念，更要有执着的追求和渴望，学会在逆境中历练心智，在自卑中寻找坚强，在苦难中奋斗，在奋斗中成长，找一个坚强的理由让自己奋进，带着一颗真善美的心去追寻自己的梦想。不忘其所始，不求其所终，不乱于心，不念过往，不畏将来。即使因为台湾媒体对大陆人民的妄言使得自己在大陆求学时被部分同学所排斥，仍要保持一颗真善美的心去打动他人。孟子有言："天时不如地利，地利不如人和。"我们不应一时被误解而远离同学、老师，把自己排斥于团体之外，而是应当消除他人的误解。"天山雪松根连根，各族人民心连心。"我们应当用一股股浩然正气铸造我华夏的民族团结。维护民族的团结是我们每个华夏子民的责任，是我们创造完美明天的期望。

中国梦的今生

伟大时代呼唤担当民族复兴大任者，伟大时代成就雄心壮志、雄图大略。时代潮流，浩浩荡荡，唯有弄潮儿能永立潮头。历史车轮，滚滚向前，唯有奋斗者能乘势而上。作为新时代的中国人，我们应该抱定"苟利国家生死以，岂因祸福避趋之"的爱国情怀，将自我的青春和汗水奉献给祖国，发挥聪明才智，挥洒汗水热血，勇于站在创新创业最前沿，要做有爱心的舞蹈老师完玛草，想要把太极拳推向世界的李连杰，花样滑冰冠军庞清，试飞英雄李中华，更要做在熊熊烈火中守护人民的无名英雄。我们应当敢为人先，在厦门这片土地上，用自己的双手，成就自己的梦想，打开更多对台交流的窗口，带动身边更多台湾朋友来到大陆分享发展机遇、共享大陆发展成果，使他们对脚下这片神州大地能有更多归属感，促进两岸同胞心灵契合，进而投入统一事业中，实现我们的中国梦。

中国梦，我的梦

今日之责任，不在他人，全在我少年。任何的成功都不可能顺利取得，创造历史总是伴随着艰苦奋斗。回首中华上下五千年，我们有过万国来朝的盛世局面，也曾饱受割地赔款的屈辱。国家、民族和人民的巨变，凝聚着我们所走过的风雨艰辛，中国梦的最终实现，依然面临诸多可预料的困难和不可预知的风险。但是，有梦想就有希望，有希望就有信念，有信念就有力量，有力量就有可能达成梦想！这是很多人经受磨砺而后奋起的感叹，更是我们中华民族经过几千年的沧桑岁月仍巍然于世界民族之林的写照。我有梦，是民族团结、两岸同胞融合的梦；中国也有梦，是中华民族的伟大复兴的梦。我的梦，是中国梦；你的梦，也是中国梦；中国梦，是我们的梦。当我们的梦都实现了的时候，中国梦也就实现了。我们将是这个梦想成真的参与者和见证者！少年强，则国强，壮哉我中国少年，与国无疆！

同心共筑中国梦，爱文物共传承

人文学院　历史系考古专业　2016级本科　香港　朱燕

　　不知从何时开始，"中国梦"悄悄地在我们每个中国人心中占了一个位置，它不时地在我们心中躁动着，有时又渐渐回归平静，就像我们胸怀宏图却不知如何伸展。中国梦是要实现中华民族的伟大复兴，而我们却觉得在它面前自己太过渺小，不知实现中国梦所需要的庞大力量，恰恰是由一个个渺小的我们凝成的！而中国梦其实是由我们每个人色彩斑斓的梦拼凑出来的！它与我们每个人息息相关，可以说它是我们存在的意义，而我们是成就它的关键，我们彼此相辅相成，未来可期！

　　作为一名考古学专业的学生，我的梦想就是在中国大地上的文物能够得到保护，文物所承载的文明能够为我们所熟知，文物所承载的精神能够为我们所弘扬。因为我认为中国梦不仅要实现经济发展，还包含在民族文化、生态文明等各方面的全面发展。而文物是历史的载体，是文明的载体，是民族记忆的载体，无论是对我们中华民族的意义，还是精神或物质的价值都是无法估量且无法复制的。我不希望因为我们的疏忽而留下遗憾，我相信这也是每个中国人都不希望的。

　　2018年夏天，我们考古专业的同学计划了一个为期十二天的调研之旅，地点就选在文物和遗迹都十分丰富的三晋大地——山西。我们一众人怀着期待的心情，身未到，心已飞扬，甚至还想向当地考古所的工作人员讨教他们是如何普及公众考古，以及他们是如何应对在保护文物或者修复文物期间所遇到的困难等。因为从未踏足过山西的我们，在南方听闻了许多关于山西公众考古和文物保护的成功事迹，这使我们对山西这个文物大省心生向往，也使我们对当地的考古工作人员的孺慕之情油然而生。然而这个美好的梦，却在这十二天里，一个个破碎幻灭，我们看到的是只剩下一个石碑却还被村民移到荒土的东下冯遗址，只有一个大叔自愿守护在旁的荒凉禹王城。我们突然不知我们不远千里奔赴的意义是什么，我们迷茫、愤懑，却又无奈，最后才幡然醒悟，也许此行就是为了让我们看到我们存在的意义，让我们认识到现在的考古人员根本不足以保护所有遗物遗迹，也让我们明了我们的使命——并非一个单纯的执行者，而是一个引领者，我们所需要做的是凝聚公众的力量来保护文物、维护遗迹，留住我们灿烂的历史文明遗物遗迹。

2019年让人们痛心疾首的巴黎圣母院大火事件还让我们深感惋惜，平遥古城武庙因火灾坍塌又让我们措手不及，只剩叹息。似乎只有当我们所珍爱的文物古迹遭到了创伤，才能短暂地唤起公众对于文物遗产的关注，才能短暂地唤醒我们脑海深处的民族记忆，这现状实乃让人捶胸顿足。

习近平总书记曾讲："文明因交流而多彩，文明因互鉴而丰富。"作为世界四大文明古国之一，作为唯一一个未曾断裂的古代文明，作为一个文物大国，我国拥有着为数众多的历史文物、历史遗迹，却眼睁睁看着一些没得到及时保护与修复的文物古迹悄然流逝，这是何等令人痛惜之事！这不是不能，而是不为之事，最让人遗憾后悔，也实在痛心！

文物保护工作道阻且长，但行则将至，作为一名考古专业的大学生，我正在行动，通过各项实践，希望让更多的人意识到文物保护的重要性，意识到文物对于民族记忆、民族情感的纽带作用。我知道自己做得还远远不够，对于文物保护、中国梦这样的伟大事业而言不过杯水车薪，但我愿为文物保护持续贡献自己的绵薄之力，愿为实现中华民族的伟大复兴筑上一层坚固的地基。

我与祖国共成长

经济学院　财政系　2017级本科　澳门　黄咏仪

　　2019年是中华人民共和国成立七十周年，也是澳门特别行政区回归祖国怀抱二十周年。我身为一个澳门人，熟知《澳门特别行政区基本法》第一条的规定："澳门特别行政区是中华人民共和国不可分离的部分。"澳门特别行政区虽然与祖国内地实行不同的政治经济制度，但是中国梦是全体中华人民的共同目标，把澳门梦融入中国梦，发挥爱国爱澳的力量，增加澳门同胞的国家认同和爱国精神，让澳门同胞同心协力共建伟大祖国的光辉未来。

　　澳门对于中国来说不是三十多平方公里的一个小地方，而是关乎中华民族伟大复兴中国梦的一个很重要的组成部分。习近平总书记对澳门各方面的发展十分重视并寄托了深厚感情，他不仅对澳门历史有很深厚的了解，也对澳门现在的实际情况、经济发展方向和澳门的人文文化建设，都有深刻理解，同时对澳门未来的发展也寄予厚望。澳门的发展、澳门的未来、澳门的成功，表明国家"一国两制"的实践是成功的，为未来祖国统一打好了基础，为实现中华民族伟大复兴的中国梦找到一个更好的路径，故习近平总书记一直把澳门放在重要的位置。

　　2016年，李克强总理来澳视察期间莅临我的母校——澳门镜平学校中学部，表明了国家对澳门的关心，也为师生带来极大鼓舞。他提倡全体师生继续传承爱国爱澳精神，为澳门、为国家贡献新一代的力量。而我也有幸听到李克强总理的讲话，是以"李克强总理访校回顾"为题，对全校学生和老师进行教育的活动。总理也给"镜平"二字注入非常有代表性的意义，认为镜不只可以照面，也可以反映心境。他勉励澳门同学们抓紧未来不同的发展机会，追求精益求精的目标。在这次讲话中，李克强总理让同学们深深感受到国家对澳门经济及人才培养的高度关注及支持，体会到

"一国两制"的发展和澳门特区息息相关，国家安稳繁荣就会带来澳门安稳繁荣，也对澳门发展前景充满信心和希望，日后继续传承爱国爱澳的优良传统意义。讲话结束后本校优秀学生代表还与总理近距离接触并分享在澳门学习经验及感受。最后，总理在同学代表及欢送队列的热烈掌声中离开学校。这次活动同学们均感到总理的亲切慈祥，还与国家领导人握手、问好，甚至交流，为此而感到光荣，是千载难逢的机会。

在2019年全国人大会议中，总理李克强在发表工作报告时，也提及港澳方面的事务和未来计划，对澳门未来发展提出一些希望和要求，报告中谈到的一些涉及港澳各方面工作的方针政策，体现了国家对澳门的重视，我也感受到中央对港澳发展的期待。这说明要继续全面准确贯彻"一国两制"、"港人治港"、"澳人治澳"、高度自治方针，严格依照宪法和基本法办事，全力支持港澳特别行政区政府和行政长官依法施政，支持港澳共建"一带一路"和"粤港澳大湾区"建设的重大事件，更好发挥地区的优势，加深与内地的合作，推动澳门长期稳定发展。

我想说的是，维护国家统一是全中国人民的基本职责，澳门同胞是中国的一分子，我们始终流着中国人的血。我们要相信，在中央政府和全国各族人民的支持下，港澳台的同胞们一定能够发挥自身的作用，凝聚港澳台同胞的力量，实现中国梦。把改革四十多年的心血和全中国人民长期艰苦斗争的成果发挥到最大，成为全体中华儿女的光荣与骄傲，建造未来中国美好的新时代！

最后附上两张在北京的图片，在这几天，我感受到北京的历史文化气息和北京自然景观的宏伟，眼前一亮。

本文作者到北京天坛、长城游览

做新时代的奋斗者，
在实践中感悟中国梦

经济学院　财政系　2016级本科　香港　黄诗梵

仲夏，是属于冰凉的气泡。扭开苏打水玻璃瓶盖，气泡澎湃地一涌而出，争先恐后。一如拍上岸的海浪，迅速朝后退去，站在轮渡码头，一眼就能看到鼓浪屿最高处日光岩上大隐隐于市的灯光。在战争年代，爷爷曾驻扎于此。而今，跨过沧桑年月，鼓浪屿是宁静的，钢琴是纯粹的，诗歌是远方的。在厦门大学的学习生涯已过了大半，参加了多次暑期社会实践后，我对国家的发展有了更深刻的认识。

七月霓裳，与君同往。2017年的这个夏天，我参与了"经世济邦·厦火燎原"暑期国情考察夏令营，与老师同学们一起先后前往福建古田、长汀和江西瑞金等地进行国情调研。

厦门大学"经世济邦·厦火燎原"实践队参访古田会议会址

一路上，我们在实地感受当年的革命氛围与长征精神，走进闽赣革命老区，不单是重现历史的脉络，更是对文化的传承。走过毛泽东长汀故居、"二苏大会"旧址、杨成武将军纪念馆等革命教育基地，我们才深深地意识到，正是无数先辈的奋斗才成就了我们今天的和平年代、美好生活。作为新一代中国梦的接棒人，我们更应走好自己的"长征路"，令长征精神永存于我们民族的血液中，为更好的中国而努力奋斗。

中国梦的建设中，不仅要求我们走进历史，更需要从如今展望未来。为更深度了解中国式城市变迁，在马克思主义学院老师的带领下，我们一众人前往广西北流进行实地调研。队伍八人在高温的日子里踏上了前往那座城市的旅程。坐在动车上的人很容易就意识游离了，向后消逝的风景，一闪而过的人影，城市光怪陆离的面目，躲在起伏的岁月里。

第一天晚上的鱼汤散发着这个城市的味道，滑韧的面条配以鲜嫩的鱼片肉，酸菜充满岁月的质感在奶白色的汤汁里氤氲，口感微妙。旅途疲惫的人们很快地结束了当日最后的项目。饭后全体沿着自南向北的丰江慢行，听老师说他对这座城市的最初记忆。空气里还弥漫着烤串的焦香、榕木的馥郁以及江水的潮湿，路边空地摆上一台小音箱，略有年月的曲子和相互交际的人群，属于北流的夜生活才刚刚开始。

翌日，在老师的努力联系之下，我们有幸与北流市土建局前局长陈叔以及现今"创园"项目负责人王书记进行深度交流，进一步了解北流城市发展规划与城市空间生长过程。陈局强调得益于历届党和政府对城市建设的重视，一座城市的核心是人，作为城市规划的主导，北流市的整体规划自始至终结合"以人为本"的重点方针，致力于建设百姓心中的宜居城市。

在陈叔等前辈的共同努力下，在20年前就有了今日北流城市的基本雏形。每一座城市的规划与背后的人们密不可分，不仅是依托于中央整体的规划，当地人们对于城市自身的理解同样重要。正是由于默默无闻奉献的普通人燃烧着每一个人的"中国梦"，才会有如今高速发展的中国。

在新时代的建设下，众多城市乡村由道路连接，外貌与界限似乎不再分明，但总有一些质朴的事物被保留了下来，供人们找寻自己曾经存在的痕迹。呼应国家"乡村振兴"的战略目标，北流的特色小镇——陶瓷小镇与铜鼓小镇目前皆在建设当中，结合当地产业特色，扶持第二产业，

厦门大学"城新城意"实践队在广西北流调研

发展第三产业，开拓中国式的城镇发展道路。

城市化进程在改革开放后，发展一日千里。人们不再仅仅满足于物质上的丰富，继而开始追求富有烟火气息的精神层面。夜晚的重头戏是一顿地道的潮汕牛肉火锅。牛骨汤底作陪，牛肉丸子、牛杂纷纷下锅，不多时，锅里热闹地翻滚着。这些天的情绪在朦胧的雾气中，升起，然后一一咽下。借着食物的由头，老师与我们侃侃而谈，故事总是比美食有嚼头。

北流的陶瓷小镇依靠水泥、陶瓷等传统产业逐步成长，似乎又要跟随潮流走入中国新兴城市的房地产大局中，这一类中国特色小镇何其之多。正如法国城市社会学家列斐伏尔所强调："城市有它自身的实践：它塑造自己，其空间恰如其分。"城市的生长是综合了所有可变化因素与未知变量的结果，它的未知性是无法改变的。因此，详尽了解北流市城市规划建设的历史，总结北流城市建设发展思路和城市空间背后的逻辑，从而为具有与北流相似的空间形态的城市提供借鉴的范本，对北流乃至中国四五线城市未来发展建言献策都具有重要意义。城市究竟会以怎样的形态继续生长尚未可知，已知的是，无论在何处，人们总是认真地生活，与美食，与自我。

　　我们所应实践的中国梦是属于普罗大众的。暑期实践中走过的几个城市中，我们像是城市的过客一般，匆匆一瞥，企图将这包罗万象的一切收入眼底，但它自身的发展早已逃离视线之外。从宏观的层面，这不单单是国家整体的战略规划，更多的是依靠守护一方水土的人们，辛劳地建设祖国。作为香港同胞，我们更有加入中国梦征途的责任与义务。生活的城市不同，仅仅造成了风土人情的差异，在社会实践中所走过的城市中，我们都感受到了人们对生活的向往与期待，中国梦的伟大复兴正是心之所向。

　　或许每一段旅途都有终点，但我们前进的脚步是永不停歇的。中国梦是历史的一段传承，更是现实的映射。它正是千万中国人民不断努力实现的目标。

　　在走过的革命老区中，我们始终铭记着先辈的教诲，不忘初心，不忘记时代赋予我们的历史使命，就是为了建设更好、更强大的祖国而不断努力。

　　为实现国家富强、民族复兴、人民幸福，我们应该更多地参与实践考察，了解各地经济社会发展情况，掌握国情民情。作为来自中国香港的学生，通过在内地的学习生活，我对祖国有着更深认识。中国特色社会主义进入新时代，世界面临百年未有之大变局，这为广大青年施展才华提供了广阔的舞台。中国梦是青春梦，是奋斗梦。为实现中华民族伟大复兴中国梦而奋斗，我们正当时，正青春。

我们的中国梦

新闻传播学院　广告学　2016级本科　台湾　彭琳

2019年，是中华人民共和国成立70周年，也是《告台湾同胞书》发表40周年。尽管我不曾目睹70年前国家的面容，但是现在再重新翻阅过去岁月留下来的照片，心中依然感慨万千。

一个特别的时间点：中华人民共和国诞生

70年前的今天，是国家非常落后贫穷的时候，当时环境和条件都非常恶劣和艰苦。虽然现在还能够通过穿越时光的照片来了解一二，但我想，没在那个时代生活的人是无法轻易对这些经历感同身受吧。那时候，人们喝的是井水，住的是粗糙简陋的土坯房，穿的是打着补丁的粗布衣，就连拥有一辆破旧的自行车在那时候看来都是奢侈。让我感到吃惊的，不仅是国家在短短的70年就发生了这么大的变化：家家户户装上了自来水，原本略显寒酸的土坯房转变成一幢幢拔地而起的高楼，人们身上的着装也不光是为了保暖，还增加了许多装饰性元素。让我深深感到震撼的，还有当时为了祖国奋不顾身的军人。

风雪洗铅华　壮志不言愁

在我看来，军人是用尽世界上所有华丽的辞藻来赞美都不为过的一群人。他们背井离乡，他们恪尽职守。他们忍辱负重，他们不辱使命。他们用自己的负重前行换来他们那一代人，又或者是下一代，又或者是再后来好多好多代中国人的岁月静好。他们是人民忠诚的卫士，也是世界上最无私奉献的人。这一些勇敢无畏的战士，有的年纪跟我差不多大，有的比我小，甚至只有十七八岁，而我对他们的感情，除了敬佩，更多的还是感到心疼。本该是跟同伴一起上学的年纪，却选择了保家卫国；本该是和朋友一起玩耍的岁月，却选择了为国捐躯。他们甘愿放弃舒适安逸的生活，远离父母温暖又熟悉的怀抱，日复一日地在坑坑洼洼的泥地里打滚，为的只是褪去身上的一身稚气，百炼成钢，成为国家的栋梁支柱。

过去，我以为"碰到危险也要迎难而上"这句话就只是随口喊喊的一句口号罢了，当时无知的我还想着，应该不会真的有人那么傻，遇到危险后赌上自己的性命还要冲上前去吧。现在再回头想想，真正傻的人是我，迎难而上并不意味着感知不到危险，而是意味着牺牲和奉献。真正的勇敢，是明知道有可能会失败，但还是依然选择勇往直前。为了守卫自己珍爱的人，不畏惧恶劣环境在烽火硝烟的战场英勇奋战，因为选择成为军人，所以再苦也不能提，再累也不能说，只能够自己吞下所有的泪水和汗水，时刻准备着，为国家更是为人民而战。他们用青春年华换来的深深烙印，是作为军人的责任，军人的担当。如果军人没有用他们的血肉之躯守护在我们身边，就不会有安居乐业的人们，就不会有如今国富民强的中国。感谢这些世界上最可爱的人，感谢英勇无畏又光辉伟大的军人！

匆匆岁月七十年：我们的中国梦

时光匆匆如流水，转眼间，中华人民共和国已经成立70多周年。在很多年之前，我怀着满腔的希望和热情第一次踏上祖国大陆，那时候，经济还不像今天这么繁荣，中国制造和中国品牌的名声还没有传得那么响亮，中国就像是一个初入社会的大学生，充满干劲和激情。细细算下来的话，我在祖国大陆生活也有十几年了，在这十几年的学习和沉淀当中，祖国大陆的山河用她无限的胸怀接纳了我数不清的汗滴与泪水，以她坚实可靠的臂膀撑起了我们人民的丰衣足食。作为一名出生在宝岛台湾但是在祖国大陆长大的大三学生，两岸都是我的家，两岸都是承载着我无数珍贵记忆的地方。这么多年以来，中华民族在探索民族复兴与繁荣的道路上经历了无数的风雨，见证了无数的沧桑。在饱受苦难的路上，中国人秉持着坚强隐忍、不畏挫折的品质精神，一路向前，硬生生地在一片荆棘当中杀出了一条血路。2012年11月29日，习近平总书记在参观"复兴之路"展览讲话时首次提出了"中国梦"的概念。习近平总书记把"中国梦"定义为"实现中华民族伟大复兴，就是中华民族近代以来最伟大梦想"，并且表示这个梦一定能实现。

这让我想起了2009年2月28日发行的，由成龙和刘媛媛演唱的歌曲《国家》。这首歌是为了庆祝中华人民共和国成立60周年的特别礼物，以其恢宏大气的旋律和朴实无华的歌词深深地烙印在了13亿人的脑海里，歌曲当中不仅道出了国与家真挚又深厚的感情，还展现了国的力量和家的温馨。其中让我印象最深刻的是"家是最小国，国是千万家"这一句歌词，它用短短的一句话将千千万万的家庭聚集在一起，将其整合转化为一个不可随意分割的整体，没有国就没有家，"有了强的国，才有富的家"。歌曲当中没有任何晦涩难懂的文字，通过每个老百姓都能理解的语言来细细诉说自己对祖国的爱恋，让人印象深刻。作词人王平久先生在创作这首歌曲的时候，并没有严格按照传统意义上歌词的创作方式来写，而是在歌曲中投入了自己的真情实感，以散文诗的形式记录下自己对祖国的爱意。在王平久先生创作最后一段歌词的时候，他几乎没有经过太多的思考，因为那段歌词是他作为一个爱国者、一个爱家者最恳切的心声。就像歌词"国是荣誉的毅力，家是幸福的洋溢"所表达的爱慕一样，每个中国人都以中国为荣，以身为中国人为傲！这也正好紧紧扣住了习近平总书记一再强调的"中国梦"主题，将个人与国家、民族利益一体化，凝聚每一个人的力量和每一份梦想！

五千年的风雨也动摇不了祖国在我们心中至高无上的地位，五千年的风霜只能够使我们的祖国更加繁荣和强大！滔滔长江，是一条体态矫健、威力无比的巨龙。它嘴里吐着晶莹剔透的泡沫和浪花，静静地仰卧在祖国的大地上。而围绕在它身躯两侧呈现出的青绿色，将其伟岸的身躯清晰地勾勒出来。滚滚黄河，像一卷几乎没有尽头的巨幅画轴从青藏高原巴颜喀拉山脉一路延伸到渤海，在茫茫水雾中将蓝天和大地连接在一起，那坚强不屈、百折不挠的气势，是拥有黄皮肤、黑头发的中华儿女的生动写照，他用那蓬勃向上的精神引领着无数华夏儿女们互相扶持、顽强拼搏！70年过去，这个拥有近14亿人口的文明古国正在一步步地走向繁荣昌盛，正在一步步地向全世界证明自己的实力和能力！我的祖国，地大物博，旖旎风光沉淀了璀璨的历史文化，而我们拥有一个共同的名字，它的名字叫作中国！

追梦人

法学院　法学　2018级本科　香港　朱思颖

巍巍华夏，泱泱大国，在这片广袤的大地上生活着无数中华儿女。他们不忘初心、牢记使命，共同朝着心中的梦想不断奋勇前进。

这个梦，它名叫"中国梦"。20世纪40年代以前，革命先辈们追的，是民族独立的梦。历经无数血汗与牺牲，无数尝试与失败，无数艰苦和绝境，终于，中华人民共和国成立、《告台湾同胞书》发表、香港澳门地区回归……这些都是先辈们不懈追梦的伟大见证。

而如今，新的时代、新的理想、新的征程，"中国梦"被赋予了新的含义。作为处在新时代的一员，我以一个常居内地的香港居民的视角，见证了新时代中无数追梦人为建设粤港澳地区优势互补、便民惠民、协同发展的道路上携手并进的不懈努力和伟大成果。

三地联通，经济携手腾飞

港珠澳大桥是中国建筑史上里程最长、投资最多、施工难度最大的跨海桥梁项目。作为一座世界级跨海大桥，它的筹备与建设历时十五年，在2018年正式通车。它的建成，实现了香港、澳门和珠海的三地联通，极大缩短三地之间的来往距离。据测算，驾车从香港到珠海、澳门由原来的3小时缩短至45分钟。俗话说，"路通则财通"，港珠澳大桥把三地连成一个整体，两个特别行政区加一个经济特区的组合凸显了各自优势，满足经济协同发展、港澳持续繁荣的同时，也为粤港澳大湾区的未来发展迈出了战略性的一步。

高速直达，往来随心而行

记得小时候，每次回香港都要经历排队、过海关、转港铁等一系列复杂又麻烦的程序才能顺利到达目的地。如果不巧碰上人流高峰，光是排队等过关就很可能要等上一个多小时，既费时，又费力。

而这些烦琐程序，在2018年广深港高铁香港段"动感号"的到来时被直接省掉了。无须换乘一步到位、15分钟直达香港中心、出站即检等服务，对需经常往返香港的人来说，极大地节省了出行时间，便捷了出行程序，随时随地"说走就走"。动感号的到来，让香港从此迈入高铁时代，与内地之间的联系得以进一步拉近。

一证在手，生活便利快捷

由于常住内地，我对开放办理港澳居民居住证所带来的便捷更是深有体会。在办理居住证之前，我所持有的香港身份证、往来内地通行证都无法进行快递寄件实名认证，也无法通过保税仓或海外商品的清关，这对常网购的人造成了极大的不便。而港澳居民居住证的办理，让一切诸如此类的窘境都迎刃而解。港澳居民居住证最大的便民之处在于给予办证人士一个专属的公民身份号码，其18位数字与内地居民身份证号如出一辙，也就是说，一些以往不能用香港身份证或通行证办理的业务，现在持有居住证就能轻松解决。

向伟大的新时代追梦人致敬！向始终坚定谋求长足发展的追梦人致敬！是他们的无私付出让新的时代更加精彩，我们的生活更加美好。

同心共筑中国梦，砥砺前行正当时！我们永远都在追梦的路上，我们永远都在努力奔跑，我们永远都是追梦的人！

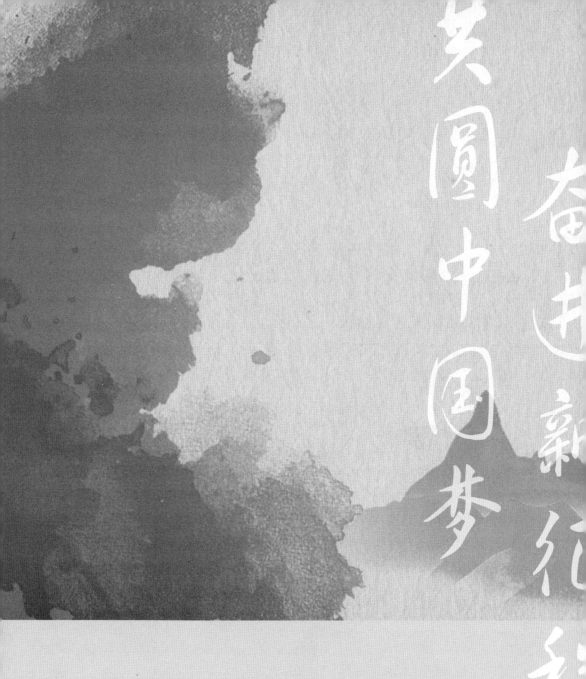

共圆中国梦

奋进新征程

不负青春 不负韶华 不负时代

天将破晓 *

国际中文教育学院 / 海外教育学院 台港澳学生先修部
2020级 澳门 施钰琳

"女士们先生们，飞机已降落在澳门国际机场，室外温度29℃……"

"囡囡，别睡啦，跟爸爸一起看看外面的风景！"父亲指着窗外一排高大的建筑，"这里是澳门，是我们以后要居住的地方，十年了，终于把一家人都接过来了！"2013年的夏天，父亲带着我们，一家四口移居澳门。这一年，他35岁。

时间悄然流逝，转眼便是三年。在一架从内地飞往澳门的飞机上，刚抱怨完学业辛苦的我，为了转换心情，看向窗外的风景。飞机即将降落，半个澳门尽收眼底。"妈妈，你看那个方向，好多商场，一定是氹仔……咦，那一片灰灰的是什么？"随着飞机终于落地，灰色的城区离开了我的视线范围。"那就是澳门的老城区吗？"

几乎是刚放下行李，我就缠着妈妈带我去老城区——可我简直不敢相信眼前的也是澳门——发黄拥挤的居民楼、在街上大声吆喝的小摊贩，街道也不像氹仔一样一尘不染……我闭着眼，只能听到烦躁的车笛声，从过时时装店里传出的，模糊、断断续续的音乐……

我抬起头，太阳被旁边的大厦遮住了一半，羊肉串摊位的油烟呛得我眼睛发疼，我扭过头望向母亲："妈妈，这也是澳门吗？"母亲没有马上回答我的问题，她挽着我，走向一个比较冷清的小摊，"老板，来两串鸡翅尖。"

"好嘞，靓女！"摊主是一个看起来年纪不大的女人，她熟练地给鸡翅刷上蜂蜜，调整火候，给鸡翅翻面……她用衣袖给自己擦了擦汗，我

---

* 本文获评教育部2020年港澳台学生主题征文活动三等奖。

仔细一看，袖口有些泛黄。仔细端详这位摊主：因为流汗头发紧紧贴在头皮上，脸上也有些出油，身上的衣服有些不合身，紧紧地粘在身上……"小妹，你的鸡翅！"老板将鸡翅浇上酱，背微微躬着，双手将鸡翅递给了我，"小妹，慢走哈！"

我走两步突然回头，她好像也被油烟呛了眼睛，又在拿她发黄的袖口抹着。可下一个顾客又来了，她赶忙扬起笑容招呼，边热锅边从摊位下拿出了食材……

我们没有再继续逛，招了一辆出租车回氹仔。我趴在车窗旁，看着窗外的景色从铁皮窝棚到富丽堂皇，从人来人往到区区之众。

"你今天看到的是澳门，喏，这些都是，"妈妈指了车边快速掠过的一个个赌场，"囡囡，你今天看到了很多人吧，你觉得他们怎么样？"

"我觉得他们穿着过时的衣服，也不是很干净，讲话也带着腔调——"

"可是我觉得他们跟你爸爸年轻的时候特别像，"妈妈打断了我，"他们在闷热的环境里流了好多汗，只为了多赚一点钱；穿款式老旧的衣服，肯定也是想给家里的妻子多买一双款式新颖的小皮鞋；那么多年轻人夹着公文包，手里攥着简历，匆匆忙忙赶着下一班公交……好像看到了十年前的你爸，那时我和他一起坐船来澳门，他向我许诺一定会让我在澳门过上富裕的生活，他确实也做到了，和你今天见到的一样，在不太明亮的地方住了好多年，一双皮鞋的底都快磨平了也没舍得换，跟别人赔了好多笑，在澳门打拼奔波了十年。他做到了，不负我的青春，不负他的少年意气。"

那是我第一次听说父亲的创业史，那也是我第一次认识什么是澳门，我开始思考，既然父亲努力在澳门打拼了十年，不负他对母亲的承诺，没有荒废母亲的青春，不负他自己的韶华，那我应该怎么做才能不负自己的韶华？

年前，我从澳门回到了内地读书，正是寒冷的冬天，我在自习室却丝毫感受不到寒冷。我想起了这三年来，无数次航班往返，快降落时，从天上望下，总能看到内地一次比一次多的高堂大厦。内地在短短几年发展迅速，让许多国家看到什么是中国速度，什么是民族复兴，也有许多港澳台同胞前往内地寻求更好的发展。当然也包括我们这一家，为了我们这个小家的小康，也为了中国这个大家的全面小康，父亲经过我的建议，同样举家回大陆发展。

2003年，父亲带着我的母亲到澳门做生意；2020年，我回到内地寻求更好的教育，父亲同样也在内地进行了投资。17年过去，时代早已不同。

我握紧了手中的笔，在这决胜百年目标的关键之年，我愈发明白了什么是"天下兴亡事，青春赤子心"。我通过手中的笔，通过薄薄的屏幕，传递青春热情，传递拼搏热爱。

我想，2003年，父亲在澳门创业，不负他的青春韶华，不负他当时所处的时代；2020年，来到内地求学的我，同样不负我的青春韶华，为了实现理想，我刻苦学习，也同样不负这个时代。

握紧手中的笔，书写这个时代的篇章，抬起头，清晨的薄雾被驱散，明亮的阳光有些刺眼——

天将破晓。

不负韶华·百字令*

新闻传播学院　广告学　2020级硕士　香港　郑沛嵘

顾

沉浮

高歌赴

漫漫长路

青春恶虚度

待年衰惜迟暮

愿为之满志踌躇

踏梦为马才兼文武

石以砥焉迈步新征途

新篇欲展擘画华夏蓝图

年少有志时代灿若朱

百年变局露布昭苏

不忘初心耕学术

只为民殷国富

又何惧险阻

韶华不负

亦自如

宏图

谱

＊　本文获评教育部2020年港澳台学生主题征文活动三等奖。

母与子

经济学院　经济系　2018级本科　香港　马紫曼

最不忍是那骨肉分离

内地与香港，同属于中华，可就在可耻的鸦片战争炮火之下，因为英吉利的贪婪残暴、大清政府的软弱无能，香港岛被"割让"出去，就如同生生将骨肉分离母亲一般！从那以后，母与子便在一个世纪的动荡沉浮里，相望却不能相认。

可怜那母！受尽列强欺凌，想重整河山却又自顾不暇。道光帝连下十几道谕旨，顾维钧华盛顿会议上慷慨陈词，终因彼时实力不济无能为力。后来那蒋介石之国民政府更是无力收回国土。我中华人民在水深火热之中，反抗封建统治，找救国道路，反帝国主义侵略，又何时敢忘鸦片战争战败，割土求和之耻？只求一个正确的纲领，一条正确的道路，挽狂澜于既倒，扶大厦之将倾，让我母子团圆！

可怜那子，委身于英吉利，被巧取豪夺。英吉利在港修码头，设总督，养财阀，便真的是"慈养父"所为吗？有识之士当明鉴，英吉利表面衣冠楚楚，实则豺狼虎豹，本已贪图香港地理条件，强行占领香港后，狰狞面目立现。它当然不愿让香港独立发展，而是窃取资源，利用其良港，生生将其变为殖民统治！香港人民受帝国主义和当地财阀压迫，谈何自由，谈何人权！如闻一多先生所言，如今狞恶的海狮扑在我身上，啖着我的骨肉，咽着我的脂膏，香港有志之士无不盼望早日回到祖国身边！

母亲呀，快让我躲入您的怀抱！

母亲！我要回来，母亲！

紫荆在五星旁才最动人

水深火热中的母亲，并未屈服于侵略和动荡之下！在中国共产党的领导下，中国人民终于找到了正确的道路，建立新中国，重新屹立于世界民族之林！

但在祖国南端那朵飘零的紫荆花，何时才能重新依偎到五星红旗旁？不是母不念儿，也不是儿不想母，只是中华民族刚刚站起来，百废待兴，帝国主义仍虎视眈眈，彼时还是无力收回。而此时的香港，基于良好的地理条件，在香港人民的共同努力下，在经济发展上已经是先母亲一步了。当然，香港的发展确实与英吉利息息相关——可这是"认贼作父"的理由吗？那仪表堂堂的"养父"，只是把香港视为利益所在而已，怎会像生母一般掏心掏肺，视为己出！

所幸一百多年的骨肉分离，也就到此为止了！难忘一九九七，当雄壮的军乐奏起，当礼炮响起，当紫荆花与五星红旗一同飘扬在香港上空……每一个中华儿女，无论内地，无论香港，心中激荡，难以用语言表达！我不可能亲眼见证，但每听长辈讲述，看当年的录像，再回想那时那情那景——最动人不过血浓于水，不论多久分离！

母亲，让我紧紧拉住您的手吧！

听听最后一分钟的风雨归程，

然后去奔跑，去拥抱，

我便是那新鲜的含露的芳香的

扎根在深深大地上的第一朵紫荆花！

母子携手唱响时代赞歌

母子团圆，天下人伦道理。但偏偏是圆满之事，也一定会有宵小作怪，就像内地与香港，团圆后也并不是一帆风顺。正如中华人民共和国国歌所唱，"中华民族到了最危险的时刻"，我们一定要时刻警惕任何反动势力挑起矛盾，破坏祖国统一和团结。

　　诸君！虽然有千难万险，我辈义不容辞！不见风雨岂能见彩虹？我香港有志青年以中华复兴为己任，我中华儿女行得端坐得正，岂会怕这些宵小之徒？我香港青年一代奋起是必然，祖国母亲进一步崛起是必然，祖国完全统一更是必然！

　　诸君！且看今朝！习近平总书记曾说，当今世界正经历百年未有之大变局。这正是一个青年大有可为的时代。我们的青春，我们的大好年华，绝不能挥洒在夸夸其谈、纸上谈兵之上！列强侵略的时代，我们的先辈从未屈服，顽强拼搏；新中国刚成立的时代，我们的先辈奋起直追，重整河山，世界为之侧目；现在，在这未有之大变局下，我们青年，难道要辜负我们脑中的知识，辜负这大有可为的时代，辜负祖国的期待吗？

　　诸君！如今正是风华茂，劲足扬帆意不违。共勉！

以梦为马，不负韶华

物理科学与技术学院　物理系　2020级本科　香港　赵浩云

彻夜繁华璀璨的霓虹灯光渐次熄灭，东方明珠新的一天正慢慢醒来。天色将亮未亮，东风从南海吹拂而来，在维多利亚港上腾涌起弥漫的海雾，给来往港岛两岸通勤的市民蒙上一层薄纱，只有远处天星小轮橘黄色的或明或灭的航灯隐约可见。甲板上的缆绳透着海水的咸味，舷边的船锚挟着翻涌的浪花，水手在晨雾缭绕的海面鸣响低沉浑厚的汽笛，迎接朝阳从地平线上缓缓升起，抽出万条耀眼的光剑，刺破无言的黑暗。

如果你曾经搭乘过维港的渡轮，目睹这般晦明变化，你一定会被这风云变幻的壮阔景色所震撼。是的，曾经的我也感受过此情此景，在那时我情不自禁地吟诵出诗人海子的《祖国》："此火为大，开花落英于神圣的祖国，和所有以梦为马的诗人一样，我借此火得度一生的茫茫黑夜。"朝阳正如海子手里的那团火，开花落英于此，在维港，在粤港澳大湾区，在台湾海峡两岸熊熊燃起，点燃着中华儿女的赤子之心，点燃着两岸同胞体内的满腔热血，点燃着我们新一代港澳青年的激情与梦想。当这把火燃遍整个中华大地之时，当年的星星之火看到那时的燎原之势，就像看见漆黑的天幕划过一道耀眼的流星而潸然泪下。

曾经积贫积弱、一穷二白的赤县神州，外有列强环伺，内有军阀割据，生灵涂炭。英国156年的殖民统治，在香江这片中国的土地上，黄皮肤黑头发的中国人只能低声下气地听命于白皮肤黄头发的英国总督，这不仅是腐朽落后的封建王朝无能的体现，更是我们中华民族的耻辱。不仅仅是香港，澳门和台湾也先后经历了葡萄牙、荷兰和日本或长或短的殖民统治。直到今天，香港的不少街道命名和布局仍然有着殖民统治色彩。这段历史需要我们时刻铭记，而我们这一代人的历史任务就是洗刷掉这耻辱的印记，让中华民族傲立于世界民族之林。

祖国大陆与港澳台地区，都因为彼此的协作发展而优势互补，日新月异。千禧年的钟声开启了一个新纪元，两岸的文化交流和商贸往来也方兴未艾。艰难方显勇毅，磨砺始得玉成，在新冠病毒肺炎疫情的笼罩下，港澳同胞和祖国大陆人民也同声同气，互帮互助，携手共渡难关。到了今天这个伟大的历史转折点——中国共产党成立一百周年之际，全面建成小康社会，全国人民自信豪迈地站在实现中华民族伟大复兴新的历史起点上，海峡两岸暨港澳血浓于水的同胞更应该紧紧地团结在以习近平同志为核心的党中央周围，以习近平新时代中国特色社会主义思想为指引，驶向社会主义前途无限光明的未来。

我们作为新一代的港澳青年，在这个关键的历史转折点上，在这个时代的风口浪尖，应该怎样做才能无愧于自己，无愧于生我养我的祖国呢？难道仅凭嘴上说说就足够了吗？当然不是的。我所就读的厦门大学，校主陈嘉庚先生曾被毛主席誉为"华侨旗帜、民族光辉"，而嘉庚精神，也正是陈嘉庚当年那爱国兴学、重义轻利、公而忘私精神的集中体现与传承。当年变卖家产，冒着烽火狼烟也要募资兴学的事迹仍然铭刻在每个南强人的脑中。正逢2021年也是厦门大学百年校庆之时，我作为一名有幸能够进入厦门大学的学子，作为一个继往开来的新一代港澳青年，绝对不能在民族国家这些大是大非问题上有丝毫的动摇，九百六十万平方公里的山河，一寸一分都不能少。而大力传承与发扬嘉庚精神，牢记"自强不息，止于至善"的校训就是我们对抗那些宵小之徒的利器，一旦我们高擎五星红旗，唱响《义勇军进行曲》，回忆起陈嘉庚先生当年奔走呼号的场景，回忆起多少烈士抛头颅洒热血才成立新中国，回忆起老一辈在一穷二白的土地上筚路蓝缕辛勤创业，回忆起多少仁人志士的艰苦卓绝才使得我们港澳同胞能够顺利回归祖国的怀抱：这便是我们前进的号角！这便是令跳梁小丑闻风丧胆的丧钟！

不仅如此，在学习上和生活上，我们更加不能松懈。我们是回归后新出生的一代，自当中流击水，承前启后，为国家建设添砖加瓦，以更大的气魄、更艰苦的奋斗，续写辉煌。我们大学生正处于弱冠、桃李之年，努力学习专业知识，促进文化交流，加深海峡两岸暨港澳的了解与协作也是我们所承担的历史使命。我们应当坚定理想信念，深化思想建设，在构筑自己的小梦想的同时，也时刻记得我们是中国梦的助力者。当下的我们拥有最美好的青春年华，在这追梦之路上，应当点燃火把，继续向前，胸怀千秋伟业，恰是百年风华，以梦为马，不负韶华，弹指一挥，剑指苍穹，在中国梦的广阔蓝图上添上属于我们的浓墨重彩的一笔！

时光荏苒，大浪淘沙，浮词抒写不出真情，华章动摇不了真心，洗净铅华，砥砺前行。咬定青山不放松，撸起袖子加油干，一代代人的不懈奋斗，一次又一次的奋力拼搏，不仅建构起海峡两岸暨港澳同胞友谊的桥梁，也是我们通向时代发展的康庄大道。继往开来，又是一个百年未有之大变局，我们一定不能辜负这份大任之重，全力以赴，担当起助力中国梦的伟大历史使命，在我们党正确思想的指引下，一起大踏步地迈向中华民族的伟大复兴！

不负青春　不负韶华　不负时代

经济学院　财政学　2019级本科　香港　刘凯欣

敌人子弹早已上膛，
魑魅魍魉暗处难防，
刀光剑影怎能毫发无伤，
千钧一发我们万箭齐发。
胜利的钟声飘向远方，
四万万人站了起来，
古老的东方爆发出一声呐喊——
新中国成立了！

当冰封的河谷开始解冻，
埋藏地下的种子长出新的嫩芽，
当世间万物从寒冬中走来，
沉睡的雄狮抬起它的头颅，
发出响彻大地的吼声——
新的时代已经开启！
这是一个崭新的时代！
这是一个属于我们的时代！

站在新时代的风暴中心，
我是绿叶，绿荫中的一片；
我是微星，黑暗中的一颗；
我是尘埃，大地中的一粒。
虽然渺小，但那又怎样！

我相信星星之火可以燎原，
我相信众人拾柴才能火焰高，
我相信，因为我们是新时代的接班人！

向上吧，少年们！
拿出不可抵挡的勇气。
我们是青春的造梦者，
奇思妙想，一个个梦飞出天窗；
求实创新，一步步脚印踏实地。
我们是时代的引领者，
自强不息，荒漠中造出沙洲；
迎难而上，汪洋中开出道路。

在时代的征程上，
我不是赤手空拳，
以梦为马，我已备好行囊；
以志为图，我可寻梦远方；
以才为器，我能大展拳脚；
以我之名，定不负青春不负韶华不负时代！

只争朝夕，不负韶华

国际中文教育学院／海外教育学院　台港澳学生先修部
2020级　香港　张梁楷

2020年年底，站在实现"两个一百年"奋斗目标的历史交汇点上回望，2020年我们完成了许多成就。从2016年FAST天眼的投入使用到2020年北斗全球卫星导航系统的正式使用、杂交水稻亩产突破1500公斤、嫦娥五号在月球留下脚印。我们从20世纪的一穷二白到如今的科技昌明，时代不断更迭变化，作为青少年的我们就更应做到——只争朝夕，莫负韶华。

何为"只争朝夕，莫负韶华"？即为我们应用积极进取的态度采取行动，珍惜一分一秒的时光，不辜负最好的年华。

"只争朝夕，不负韶华"应有"敢教日月换新天"的创新精神。"历史是由改变时代的人创造的。"我们青年人应有锐意进取、谋求改革的气魄。观今宜鉴古，君不见正值壮年的商鞅无畏牺牲在民众麻木之际主动变法，为秦之统一奠定基础，君不见在中国受人欺凌之时少年周恩来大喊"为中华之崛起而读书"的气概，尽展少年风采。而在当今时代，中国的一线科研团队成员中"90后"占半数。这群青年人永远不安于现状，主动谋求改变，去探索未知的世界。他们用自己的行动证明，青年永远是时代变革的主力军，有着新思想和新作为，让万里雪地开出怒放的蔷薇。

"只争朝夕，不负韶华"也应有"越是艰难越向前"的勇气。列夫·托尔斯泰说："为其所应为之人是最勇敢的。"当我们面对困难时不应退却，而应勇敢而上。如今的我们走在中国特色社会主义的道路上，我们应明白"狭路相逢勇者胜"，只有勇敢地踏出第一步，才会有第二步第三步，才会走向成功的那一步。没有到不了的远方，只有畏惧出发的人。鲁迅对青年人提出四个"敢"：敢想、敢说、敢做、敢当。这就告诫我们做人做事不能畏首畏尾，而应勇于进取。若不去尝试，又怎知满园春色如许？

"只争朝夕，不负韶华"还应有"锲而不舍，金石可镂"的恒心。古希腊哲学家柏拉图说："耐心是一切聪明才智的基础。"作为青年的我们应有坚毅之心。罗曼·罗兰告诫我们应花时间和精力深钻一口井。若牛顿面对苹果的坠落只停留在初步想法，现代的物理体系又将何时建立；若在粤港澳三区建设大桥的计划只停留在设想，如今珠三角愈加紧密的联系又会何时而生？历史偏爱坚定者、奋进者、搏击者，而不会去忍让踟蹰者、懈怠者、半途而废者。伟大梦想不是等待便可实现，也不是靠喊口号就可抵达的，而是要靠一代代人前赴后继拼出来。"凿井者，起于三寸之坎，以就万仞之深。"我们应用永恒的火融化坚冰，换来曙光。

　　"只争朝夕，不负韶华"更应有"甘将热血沃中华"的家国情怀。曹植在青年时期就写下了"冀以尘露之微，补益山海，萤烛末光，增辉日月"的名句。用自己的力，哪怕再渺小也应付诸国家前进的道路上。"两弹一星"元勋程开甲婉拒导师邀请，回到祖国开创核事业，填补中国物理的空白；驻村书记黄文秀在大学毕业后放弃高薪工作回乡扶持乡镇企业，让自己的青春在大山里绽放。把自己的青春交付于祖国的建设，让自己的汗水流淌在祖国的大地上。而我们青年应有这样的胆识，"青年者，人生之王，人生之春，人生之华也"。我们应抓住青春的美好时光，投入社会主义建设之中去。我们不是时代舞台下的旁观者，而是舞台之上扛起重任的主角，我们应时刻铭记国家的嘱托，只争朝夕，不负韶华。

　　"只争朝夕，不负韶华"并非做出轰轰烈烈的事，万丈高楼平地起，我们应踏实做好青春之中每一件事。在时代的风云变幻之中，首先应树立明确的价值观念。不当"佛系青年"，要当"螺丝青年"，筑起奋斗钻研才能走向成功的人生，不因外物的诱惑动摇内心。其次应有为之奋斗的目标，"有志者事竟成，破釜沉舟，百二秦关终属楚"。这个时代我们要瞄准方向，认清目标，才能更坚实地踏入下一个征程。而在这之后也应充满斗志，珍惜时间，提高效率。人生海海，起起伏伏的风浪并不可怕，最可怕的是懈怠和自傲。我们应积极融入时代大局，用奋斗镌刻人生。

　　习近平总书记提出"青年最富有朝气、最富有梦想"，我们应不负国家的嘱托，相信我们青年一代必将大有可为，也必将大有作为，相信时代的荣光必将属于我们。所以我们应秉承创新精神，怀抱满腔热血，坚持刻苦钻研，心系家国，同亿万人民一道，在实现中华民族伟大复兴中国梦的路上奋勇搏击，只争朝夕，方可不负韶华。

谱人生之曲　奏民族之歌

国际中文教育学院／海外教育学院　台港澳学生先修部
2020级　台湾　侯邵铧

时序轮替，岁月变迁。古往今来，不同的人在不同的时代奏响不同的乐章。个人在不同的时代中只不过是沧海一粟，可正是这一粟、千粟、万粟的汇聚，才铸就了这个伟大的时代！

从陈平忍辱苦读助刘邦成一番霸业，到林俊德为中国核事业燃尽余生；从神农为救众生尝尽百草，到顾方舟为中华儿女的健康苦心孤诣。他们所处的时代间隔千年，却有异曲同工之处，正是因为有了这些无私付出的人，中华民族的意志才能得以传承。

在如今这个信息化建设的时代中，如何以渺小的自我为时代呈上一杯美酒？

你我如一粟，恪守本职，寸步不让。

天生我材必有用，天地生人，生一人当有一人之业。苏州爷爷潘玉麟坚守住了自己的一番事业，将小小的一碗糖粥做成了非物质文化遗产；杭州独腿杨大哥坚守住了自己的一番事业，只用一支粉笔就使蒙娜丽莎神秘的微笑呈现在地面上。每位恪守本职的人皆可向时代举杯。无数平凡的人在自己平凡的岗位上奋斗。有人在手术台旁握紧手术刀，为病人开辟生的道路；有人在川流不息中舞动双手，为行人行车指明方向。有人手握扫把早出晚归，有人手持锄头汗流浃背。人生在世，生一日，当尽一日之勤。

你我如叶，贡献无声，不求回报。

功成不必在我，功成必定有我。每个人不应该是时代的被动接受者，而是时代的主动参与者。如港珠澳大桥工程师与千万工人齐心协力，被誉为"新世界七大奇迹之一"；如塞罕坝、红旗渠伟大的工程也可以由无数人的汗血凝聚而成。樊锦诗用自己的一生传承了敦煌的薪火，小小身影是敦煌最美丽的神话；钟扬把论文写满高原，填补了中国种子库的空白。有一群打排球的姑娘从不服输，让国旗高高地飘扬在世界的赛场上；有一些大科学家，在中国最困难的时候回来，带领大家挺起了中国的脊梁！有了这一个个奋不顾身的勇士，时代怎么能不宏伟？若时代如火，你我便如叶，有叶在的地方，火便生生不息。

你我如光，汇聚萤火，照亮时代。

世上没有光明永存，黑暗无处不在，而黑暗存在的意义便是等候炬火，等待光的到来。你我如光，一人之光一吹即灭，千万人之光势不可挡！光明不仅是黄文秀的鞠躬尽瘁死而后已，更是张玉滚的默默付出不求回报，是朱丽华的乐于助人无私奉献，是张富清九死一生后的扎根基层。你的每一次捡起垃圾，每一次当志愿者，每一次帮助他人，都如太阳一般发出温暖的阳光，温暖着、感动着无数人，而人亦是如此。社会风气也随之潜移默化，铸就时代新风，此风于天地之间，百年不灭，千年不绝，必将被代代相传。

在他人于危难之际伸出援手，在生活中散发着凛然正气！这就是中华意志，它不仅是一种精神，更是一种情怀，扎根于每位中华儿女的内心深处。它在人绝望时给人希望，在人失败时给人鼓励。这种情怀深深地烙印在每一位中华儿女的心中，充斥着"一方有难，八方支援"的正能量。

你我如新叶后浪，在前辈们的鼓励下前行，我们也将继承这份精神与力量，以高山为笔，江河为墨，苍穹为纸，天地为鉴，写下人生华章。要有"会当凌绝顶，一览众山小"的志气，也要有入地三尺、不见天日的决心，成为国之重器！无论未来怎么样，应奋楫时代洪流，以无畏之我，奉献之我，奏响这个时代最动人心弦的乐章！

以我青春之理想，助国发展之蓝图

管理学院　工商管理类　2020级本科　香港　林潼潼

罗曼·罗兰曾言："你的理想和热情，是你航行的灵魂的舵和帆。"而我认为，我们作为最富有朝气、最富有梦想的青年一代，拥有理想与热情固然可贵，只有将个人的未来和前途与国家的发展和民族的复兴相融合方可走上青春的正道。

"四维不张，国乃灭亡。"先人们在千年前便已经认识到每个时代都有每个时代的价值观念，在新时代的中国我辈青年该以怎样的视角来面对这个时代呢？

爱国当然是第一位的，对祖国的爱应是最持久、最深沉的爱。爱国绝不仅仅是一句口号，它是源于每个国人日常生活的每个细节，而在面临疫情大考的背景之下，国家所展现出的魅力则更令人难忘。这些年来我对国家的凝聚力和前进动力目见耳闻，我看到了蛟龙入海探索"中国深度"，看到了嫦娥奔月记录"中国高度"，看到了和谐、复兴引领"中国速度"，更看到了北斗卫星定义"中国精度"……我不禁对国家发生的变迁感到自豪，也发自内心地为我是一名中国人而感到骄傲。

回顾磨难与挑战不断的2020年，无数令人感动而又自豪的瞬间更是如朵朵浪花般拍打着属于这个时代的节奏。年初疫情来袭，八方驰援，举国协力：各地工人紧急奔赴火神山，用十个日夜近乎奇迹地完成任务；各地人员闻令而动，井然有序，让每个城市甚至是每个村落都成为抵抗疫情的坚固堡垒……正如魏源所言，"孤举者难起，众行者易趋"。正是党的统一领导和各地区人民的同心协力让中国在这次疫情大考中交出了令人满意的答卷。6月汛情暴发，中华民族的步伐依然铿锵，党中央的统一领导和各地官兵、民众的积极响应，在这次汛情中铸造了钢铁壁墙，充分保障了人民的生命财产安全。国家对于农村农业问题的关注，对于各项药品纳入医保的力度,对于扶贫攻坚任务的执着,更是让每个人都感受到了国家对新冠肺炎疫情期间经济复苏和民生恢复的决心。

而我也知道,在国际局势风起云涌的当今世界,我国的发展面临着不小的挑战,尽管国际的舆论场上风雷动荡,可我觉得"世界太吵,我们需要听听自己的声音"。在世界多极化、经济全球化、文化多样化、社会信息化的当下,不少嘈杂的声音出现在媒体上,用近乎激进的价值观大肆宣扬被畸形化了的价值理念,也有不少青年被这汹涌的浪潮裹挟着走。正如孟子所言,"从其大体为大人,从其小体为小人"。每个人都应有独立思考的能力,不应对少数激进分子毫无依据的言论如此趋之若鹜。

当下我们青年一代,有不少人都在迷茫,不知何为理想,更不曾为理想奋力拼搏,总是发泄对时代的怨气、对命运的不满,对此我想借用刘同的一句话:"抱怨身处黑暗,不如提灯前行。"作为21世纪的青年一代,我们的姿态便代表着国家发展的方向,我们的理想便展现着国家前进的动力。时代对人们是公平的,它给了我们风起云涌的环境,自然也给了我们破浪前行的机会,与其随着舆论的聒噪声点头附和,不如在激荡的时代中做些实事。书可医愚,知识是每个人成才的基石,我们的学习不应被限于碎片化的信息和快餐化的知识,而应该求真学问,求真理、悟道理、明事理,把握事物发展的客观规律,在不断学习、不断实践中,将个人的前途和命运与国家的发展和未来融为一体。同时心中应谨记"道虽迩,不行不至;事虽小,不为不成"。学到的知识不应把它留在课本上,要做到知行合一、以知促行、以行求知,为国家的发展添砖加瓦。

"青春是神秘且炽烈的,凡我们在那年岁起身追寻、衷心赞叹之事,皆会成为一生所珍藏。"奋斗是我们青春应有的底色,一代代人挥洒青春热血,将理想的星星之火汇成燎原之势,将梦想驶入星辰大海,汇聚的不只是青年的梦,更是中国的梦。

时代的号角已经吹响,中国青年,请入列!

溯往昔，展未来

经济学院　金融学　2019级本科　香港　丁雯雯

2020年，注定是不平凡，也是不平静的一年。回首过去，一路磕磕绊绊，跌跌撞撞，好在功夫不负有心人，我们还是迈过了各种各样的难关。

疫情之殇，中国奇迹

正值欢度新春佳节、举国同庆之际，新冠病毒疫情逐步发展，越来越严重，在恐惧的阴霾下，人心惶惶，随着病毒的扩散，大家焦虑万分。

这是2020年给世界下的一道战书，只是中国率先吹起了战斗的号角。疫情之殇，封城之痛，2020年，我们突然意识到，其实每一个人都不是一座孤岛，家是最小国，国是千万家。只有众志成城，共同抗"疫"，我们才能度过这段艰难的时光。

在这种压力之下，催生出了中国速度——10天建成火神山医院，18天建成雷神山医院。除了建设速度之快，其中还有各方力量的加入，媒体称之为"中国奇迹"。建设这样一个医院，不同于普通的家庭住宅建设，需要考虑到防疫需求，进行全新的规划设计，这也是不能直接征用体育馆等现成建筑物的重要原因之一。除了建筑本身，还需要对排水、电暖气等设施进行单独设计和安装，对通信网络进行大规模建设。而在这场与时间赛跑的战役中，千千万万自发当起"网络云监工"的网友紧密关注。这使得此次建设不仅成为建设者们的重任，更牵动着中国亿万人的心。"中国奇迹"，称赞的不仅是建设速度之快，泱泱大国，劳动工人成千上万，人多力量大的道理想必大家都谙熟于心。但是在这种春节假期工人缺乏之际，号召如此多工人抛下与家人团聚的时光，在这高风险地区进行建设，在工厂停工之时需要立刻生产出如此之多的建设材料，同时还要号召三大通信运营商通力协作，在这样紧张的环境下，各部门零失误、零感染，日夜兼程，完成这样一项艰巨的任务，这是中国令人惊讶的资源调度和管理能力，放眼世界，能完成这项任务的恐怕也只有中国了！

芯片之痛，壮士断腕

所谓"福无双至，祸不单行"。除了疫情这种不可抗力的突发状况，在中美贸易战持续之下，美国步步紧逼，早前备受打压制裁的华为终于也迎来了至暗时刻。"木秀于林，风必摧之。"在美国的制裁下，华为虽然一次次打出了绝地反击，但是终究敌不过四面楚歌。尽管世界不停地宣扬着"科技无国界"这样激昂的口号，但是经过我们切身体会，才发现这不过是一句冠冕堂皇的话语，没有核心技术的国家终究只是他国的一颗棋子，随时随地都会被抛弃。

2020年9月15日，美国政府对华为的禁令正式生效，斩断了华为芯片代工和采购渠道。华为受到制裁，虽然只是一个企业的灾难，但是背后却映射出国家在核心技术上的脆弱和受制于人。这是企业之痛，更是国家之痛。手机行业发展得有声有色，但是没有芯片的手机只会是一具空壳。

属于自己的芯片，意味着免交巨额的授权费，免受断供之屈，更有底气和魄力。科技的强大，在于质而非量，在于创造而非模仿，芯片制造和研发已是刻不容缓。这其实与中国研发北斗卫星，有异曲同工之妙。核心技术的研发和投入，经费的支持，这些都是必要的，但是我们还应该警惕那些趁此机会浑水摸鱼的腐败分子，当年的"汉芯事件"就是前车之鉴。

青年之思，付诸实践

回溯2020年历经的风雨，我们更应该懂得珍惜这来之不易、江河安澜的岁月。面对科技浪潮和时代变迁，我们应该意识到科技研发的紧迫性。

"往者不可谏，来者犹可追"，此刻国家正处于蓬勃发展之际，作为当代大学生，我们应该努力奋斗与拼搏，这正是肩负在我们这一代的使命。科技强国，文化底蕴，民族自信，这些都不应该只是说说而已。

　　孙中山先生曾说:"惟愿诸君将振兴中国之责任,置之于自身之肩上。"未来不足惧,过往无须泣。我们应当回首过去,立足今日,展望未来,当以己之力谱写一曲青春之歌,在时代的逆流洪波中弘扬中华风采。

　　韶华易逝,莫负流年,与君共勉。

筑梦，铸人

管理学院　会计学　2017级本科　香港　陈佩滢

在凤凰花开的路口，总有那么三两个人在拍照，灿烂的笑容，火红的花朵，随着相机的定格，将瞬间定义成永恒。我们追随着相机，去看看过去的瞬间……

扬帆远航

1949年10月1日，中华人民共和国成立，"巨龙"站起来了。曾经历经了多少沧桑，一百多年前，开始被列强侵略，中国的命运从此走向黑暗。一路上，它历经沧桑，别人在它身上留下了无数的脚印，它无辜的子女洒下了多少的鲜血，它独一无二的宝物被掠夺，被销毁……这些，都过去了，现在的中国，经过时间的洗礼，它站起来了！中国特色社会主义进入了新时代，中华民族以崭新的面貌屹立在世界的东方。如今的中国，已经是闪闪发光的，发展如此迅速，党的十八大以来，中国高度重视新一轮科技革命发展，新一轮科技革命在快速演进中，中国在"科技强国"上不断下功夫。中国不仅在科技上发展，更是在一体化眼光上有所强调——主动参与全球治理，通过不断的改革和完善解读国际规则，"一带一路"峰会到金砖峰会，博鳌论坛到达沃斯论坛，二十国集团峰会到 APEC 峰会，中国如今在国际"朋友圈"上有了前所未有的强大影响。我感到无比自豪。不断地强大，不断地发展，中国为我们打下了一片安定的家园，是我们实现梦想路上坚实的后盾，如今的我们，要为这个国家贡献出自己的一分力量。我们的小小梦想，正是构筑伟大中国梦的一砖一瓦，斑斓的中国梦，正是亿万中国人心中梦想的汇聚！让我们用不断磨砺为中国梦增砖添瓦，扬起远航的风帆，驶往光辉的彼岸。

团结共进

1999年12月20日，在香港回归900天后，澳门顺利地回归祖国怀抱。从分离于外的"游子"到回归祖国成立特别行政区，从博彩业"一家独大"到制定五年规划、推进经济适度多元发展，澳门，这个几百年前的小渔村，在祖国母亲的呵护下，经过不断的努力，坚持不懈，在成长、在巨变。20年来，在"一国两制"下，澳门的发展大家有目共睹。如今的澳门，积极把握"一带一路"倡议、抓住粤港澳大湾区建设等许多重大机遇，搭乘国家发展的快车，按照国家所需、澳门所长的定位，为改革开放再出发继续贡献自己的一分力量，推动"一国两制"实践再上新的台阶。香港、澳门成为改革开放以来最大的受益者，一路向前发展。不断出台的相关优惠政策，给了港澳学子来祖国内地升学、完成学业的平台，让他们完成自己的梦想。希望港澳同胞与内地居民共同努力，团结一致，共进退，在实现中华民族的"中国梦"的征程中迈出坚定豪迈的步伐，谱写出辉煌的新篇章。

"两个一百年"

"两个一百年"是党的十五大首次提出的目标。第一个一百年目标，是到中国共产党成立100年时全面建成小康社会；第二个一百年目标，是新中国成立100年时建成富强、民主、文明、和谐的社会主义现代化强国。

我们看到了中国如何蜕变成"东方巨龙"，从经济落后到现在成为世界第二大经济体（仅次于美国）、世界第一大工业国和世界第一大农业国，海峡两岸暨香港之间的经济联系在全球化的过程中日益紧密……今天，我们成为实至名归的大国，大国崛起在中国从来都不只是空想。

中华人民共和国成立以来的70多年，是改变中华民族前途命运的70多年，是沿着民族复兴之路奋勇前行的70多年。回顾改革开放40多年的历程，我们可以清楚看到，我们在进行经济社会改革的同时也不断进行自我革新，自我革新是我们最显著的标志，也是我们不断从胜利走向新的胜利的关键所在。

共筑中国梦

随着回忆的追寻，这么多伟大壮举，都是国家为铸造中国梦做出的不断努力。"少年智则国智，少年富则国富，少年强则国强，少年独立则国独立，少年自由则国自由，少年进步则国进步，少年胜于欧洲则国胜于欧洲，少年雄于地球则国雄于地球。"我们正值青春年少，更应当不断突破挑战，努力成长为睿智、阳光、健康、诚实、敬业、积极、胸怀广阔的人才，发愤图强做栋梁，不负年少好时光，自强不息，止于至善，心怀家国，拥抱世界！我们也需要团结一致，共筑中国梦。飞鹰经过风雨的洗礼方可搏击蓝天，寒梅经过霜雪的淬炼方得迎风傲雪，玉石经过斧凿刀磨方显璞玉珠圆。我们亦如是，唯经一番磨砺，方得圆满，才能到我们心中的终点——伟大中国梦的实现。

自是青年，不负韶华

经济学院　经济学大类　2020级本科　澳门　许荣耀

总有某段路，你只能一个人走；总有许多事，你需要一个人扛。在奋斗的青春里，别畏惧孤独，它能帮你茁壮灵魂；在奋斗的青春里，也别躲避困苦，因为它能帮你砥砺意志。青春的路上，奋斗相伴，定能书写人生的华彩乐章，也定不负我们大好的青春韶华。

梁启超先生在《少年中国说》中写道："红日初升，其道大光。河出伏流，一泻汪洋。"他们以笔为槌，擂响战鼓，振聋发聩，唤醒国人。在那个时代，积贫积弱，风雨飘摇的大国亟待新生，而希望又寄托在谁的身上呢？

习近平总书记深情寄语："希望同学们不负青春、不负韶华、不负时代。"我想，我们这些青年在一起，便是"时代"。

五四运动时的青年，是登上巅峰前的万千阶梯。而一百年后的今天，青年力量仍势不可挡，似乳虎啸谷，百兽震惶。历史的转变就像一次次的洗牌，让许多人暗淡无光，也让许多人脱颖而出。共享的大数据时代，越是在洪流中，越显得青年奋斗精神难能可贵。我们这一代注定是特殊的，特殊在我们有很多人是独生子女，特殊在很多人给我们贴上了"太自我""太任性"的标签，而我们又将怎样撕掉这些标签从而"立足于这个时代"呢？答案便是继续奋斗和创新。

创新中奋斗，带领我思辨。犹记得，鲁迅先生勇立时代浪尖，高喊："愿中国青年都摆脱冷气，只是向上走。"大国泱泱，大潮滂滂，新时代下仍然潜伏着"冷气"。何为"冷气"？我想，是我曾引以为傲挂在嘴边的"佛系精神"，是我上课走神玩手机任宝贵时间溜走的无所谓，是我肆意将青春放纵挥霍的所谓潇洒。新时代下，我愿摆脱"冷气"，摆脱人云亦云，摆脱哗众取宠，去锐意进取，去创新求变，在奋斗中书写青春，充实青春。

庚子鼠年，如期却不如常，看着新闻中写道，在医疗物资紧缺的情况下，医生护士们冒着生命危险仍顶在危险的最前端，家中亲戚也有在医院工作的我，第一次体会到了死亡与医护工作者的距离如此之近。感动中掺杂着担忧害怕，泪水终于摆脱了眼眶的束缚，一行追着一行，哭得失声。

于是，我穿起了红色的马甲，也拿起了体温枪，同那些志愿者一起，站在了安全线前；于是，我开始搭帐篷，轮值班，入门信息登记，进行志愿协助的工作。我向身边看去，一副副口罩下是熟悉的邻里街坊面孔，和我一同参加志愿工作的同龄伙伴们体内也跳动着一颗颗赤诚的责任之心，登记表上的一笔一画就是一块块砖石，当它们排列铺陈时，便仿佛垒砌了一个广阔而坚固的壁垒，牢牢守卫了这块团结的土地。

此时此刻，我们的身后是万家灯火；此时此刻，胆气亦英雄。主动报名参与防疫时那一只只举起的手，那一副副单薄的身躯，都在用自己的坚守去奋斗出一个绝地反击的故事。有的人把生命局促于互窥互监、互猜互损，也有的人把生命释放于远山沧海、大地长天。一句"我将无我，不负人民"，不知道出了多少人的心声。《左传》有言："不有居者，谁守社稷？不有行者，谁扞牧圉？"这句话的意思就是既然岁月并不静好，那就注定有人要奋斗前行。

恰似个体力量于国家沃土中伏脉千里，人与时代，彼此成就。因而，泪眼盈盈处，皆归中华河山；热血奔涌处，皆属华夏沃土。既不伤春，也不悲秋；既无老之可叹，也无贫之可嗟。生当盛世，唯一的希望就是以青春之我、奋斗之我，为民族复兴铺路架桥，为国家建设添砖加瓦。未来的路不会比过去更笔直、更平坦，但是我并不畏惧，因为我眼前还闪动着道路前方奋斗者们迎风而上的影子。我们要在这个世界留下自己独有的脚步。

唯愿我们的明天，自是青年，不负韶华；明日之我，胸中有丘壑，立马振山河！

肩负新使命　展青春韶华

经济学院　金融学　2017级本科　香港　沈颖欣

　　新时代是一个富强民主的时代，身为新一代的青年人，我感到十分荣幸能够生于这个多元化并且充满活力的时代。放眼当下，实现中华民族伟大复兴的宏伟蓝图已徐徐展开，新时代的号角已经吹响，习近平总书记对青年学子深情寄语："希望同学们不负青春、不负韶华、不负时代。"青年是国家和民族的希望，我们是新时代孕育的传承人，应该珍惜时光，努力掌握专业的知识和技能，同时树立正确的世界观、人生观、价值观，为实现中华民族伟大复兴贡献自己的力量。于我而言，作为一名怀有梦想的港澳台青年学子，偶尔我也在想，未来的我能够成为什么样的人，我又能够为社会带来些什么。近几年，随着阅历逐渐增长，我慢慢找到了自己努力的方向，也找到了表达自我的方式，我变得更主动，在不同的领域进行尝试并且贡献自己的力量，渴望成为一名有使命感、能够主动承担社会责任的新时代青年，从而融入国家的发展大局。正是因为一路走来，我看过，我听过，积累了或多或少的收获，所以我也更有自信能够成为具有创造力的新青年。

　　出生在国家富强、科技发达的年代，我也有属于我们这一代青年人的使命感，这要从大学一年级的夏天说起，为响应学校举办社会实践活动的号召，还是大学新生的我，组建了一支名为"厦鹰翱翔"的港澳台实践队伍，我很荣幸能够担任队长，带领11名港澳台青年学子在具有深厚红色基因的广州开启一段受益匪浅的社会实践旅程。在参观广州红色遗址的过程中，我重温了党走过的近百年艰苦奋斗的岁月，那些老一辈革命家的故事都深深印刻在红色革命景点中，提醒我们要牢记历史，珍惜当下。其后，通过参访水资源管理的企业，我近距离了解了内地民生工程的建立与运作，当讲解人员向我们耐心地解释说明许多复杂的数据和名词时，我们纷纷感叹国家技术的创新和成熟，同时也感受到国家对城镇基础设施建设的重视。后续我和成员们还开展了有关城市内涝的专题调研，希望能为促进国家的社会发展贡献我们青年的智慧力量。作为来自港澳地区的青年，我始终认为，港澳青年应该坚持立足于本土文化的同时又面向国际，将课本理论知识与实地考察相结合，逐渐增强自身发现和解决实际问题的能力。当下，我国正处在社会主义市场经济体制日益完善，全面建成小康社会，努力实践习近平新时代中国特色社会主义思想的新时期，伟大的时代，伟大的事业，需要青年一代具备良好的思想道德素质和较强的实践能力，我希望自己能够怀有为社会服务的满腔热忱去融入国家发展大局，成为推动中国社会进步的亿万螺丝钉之一。

"厦鹰翱翔"实践队在广州起义纪念碑前宣誓

青年作为未来世界发展的核心力量，正扮演着越来越重要的角色。随着"一带一路"倡议、"京津冀协同发展"战略等各项政策推进，中国的综合国力与国际影响力不断提升，这促使我在平日里有意识地去关注社会时事和可持续发展目标，同时也十分渴望有这样一个机会，让我能够多角度地去了解当今世界形势、深入探索国家的发展。常言道，机会是留给有准备的人的，后来我有幸入选由社会各界联合主办的"中国新青年"国际组织与全球治理人才培养夏令营，这个平台为像我这样的香港青年打开了一个了解内地、拓展国际视野的窗口。在当地政府与相关企业的大力支持下，我与其他青年学生们以科技创新与地区经济为切入点，结合京津冀社会治理的实地考察与青年发展培训，最后呈现出了一份具有创新特色的调研成果及治理方案。这带给我莫大的成就感，也使我真正意识到当代青年深入探索未来社会可持续发展的创新可能，同时坚定了我为社会治理贡献青年力量的初心。此外，给我留下深刻印象的是一场在北京大学举办的全球治理青年高峰论坛，我很幸运能参加这个论坛，因为我不仅是为了自己所做的事情在发声，更是为了很多由于经济、社会和环境的不平等而无法融入社会的孩子和青少年们发声，希望能够唤起人们对贫困和边缘化群体的关注。于我而言，这段宝贵的经历对我的内在价值塑造起到了很大的导向作用，我第一次这么深切地意识到，身为当代中国青年，我拥有主动表达的话语权，或许我的观点还不够成熟，但是我勇于踏出这一步去发声，让同龄人听见我的声音，与他们携起手来共同努力，从而做出我们期待的改变，创造一个更健康、可持续发展的未来，这将会是一段为实现科学可持续发展的新征程！

2018年全球治理青年高峰论坛

这世间唯有青春与梦想不可辜负，青春需要树立理想。回顾自身的成长历程，我对于自己想要成为什么样的人，或者我的梦想是什么这个问题慢慢有了更清晰的概念，二十二岁的我拥有珍贵无比的青春，祖国的政策支持也给了我追逐梦想的底气。近年来，国家出台多项政策鼓励支持港澳青年到大湾区城市就业创业，在政策的支持下，我参加了向港澳青年学生开放的广州南沙"百企千人"实习计划。通过暑期的集中实习，我切身地体验到了职场的实际状况，从而对内地就业市场、职场文化以及发展机会有了更深入的了解。得益于完善的政策和服务支持，我很快便适应了这里的工作环境，并且很享受在这座城市工作和生活，这段实习经历为我的职业生涯规划增添了浓墨重彩的一笔。我相信，随着粤港澳大湾区建设的稳步推进，我能够更好地融入湾区发展之中，在这片新天地充分施展我所积累的智慧和才干，实现人生的梦想。美好的青春孵化着无限可能，我定要好好把握，韶华不为少年留，且怀抱理想，舒展青春年华。

"百企千人"实习计划结业典礼

2020年，我国全面建成小康社会，实现第一个百年奋斗目标，同时开启实现第二个百年奋斗目标的新征程，而我们年轻一代也成为其中重要的推动力量。愿我们每一位拥有爱国奋进精神的新时代青年都能够主动肩负起实现中华民族伟大复兴的新使命，时刻关注自身的成长发展，勇敢逐梦，展现青春韶华的力量，积极地融入国家发展大局，争取在新时代留下我们这一代人的青春足迹。

我和我的祖国

管理学院　会计学　2019级本科　澳门　潘松鹏

曾记否，在七十多年前动荡不安的局势下，在遭受苦难后的满目疮痍中，中华人民共和国用铿锵有力的声音告诉了全世界：我站起来了！

这七十余年来，您饱经风霜仍不失傲骨！1998年特大洪水无情肆虐，1999年部分地区漫天的风沙猛烈地吹打，2008年百年罕见的大雪灾突降冰封，2008年特大地震袭来，2013年雾霾大规模严重化，2020年新冠病毒肺炎疫情席卷而来。在过去的岁月里，危机时刻虎视眈眈。昂首挺胸，您扛住了一切！

我的祖国，您历经磨难却百折不挠，根植大地而生生不息。面对特大洪水，举国上下万众一心积极抗洪抢险，并在事后对洪灾进行防治，阻止了洪灾再次肆虐；面对漫天风沙，您积极实施措施，退耕还林，植树造林，不仅开创了黄土高原"绿色革命"效应，还将曾经的中国四大沙地治理成了绿洲，栽树数量可绕赤道54圈；面对百年一见的大雪灾，全国人民齐心协力共渡难关，为了那些在暴风雪中翘首企盼的群众，英勇的军民奋战在抗灾一线；面对死伤无数的大地震，中华儿女展现出了气壮山河的伟大力量，坚韧不倒的精神和患难与共的品质，灾中抢救，灾后重建，灾区的恢复我们清晰可查；面对雾霾严重化，政府出台了一系列防治政策，在这几年的实施后，雾霾渐渐减缓，蓝天得以重现；面对突然席卷而来的新冠病毒肺炎疫情，中国政府采取强有力措施在短时间内控制住了本国疫情，并向其他国家伸出援手、助力别国共同抗疫，速度之快令世界震惊。

七十多年来，您每天都在发生变化，日新月异，月异日新。天宫、蛟龙、天眼、悟空、墨子，这些技术的问世让您看得更远、听得更广；C919、复兴号、辽宁舰，每一项成就的达成都让您行得更快、变得更强；经济总量世界第二，"一带一路"倡议稳步实施，高铁建设走向世界。您大步而来，阔步前进，自力更生，自强不息。您向世界展示亚洲雄风的精彩，您向各国人民亮出了中国的魅力！

党的十五大报告中首次提出"两个一百年"奋斗目标：到建党一百年时，使国民经济更加发展，各项制度更加完善；到21世纪中叶中华人民共和国成立一百年时，基本实现现代化，建成富强民主文明的社会主义国家。党的十八大描绘了全面建成小康社会、加快推进社会主义现代化的宏伟蓝图，向中国人民发出了向实现"两个一百年"奋斗目标进军的时代号召。"两个一百年"自此成为一个关键词，成为全国各族人民共同的奋斗目标。党的十九大报告清晰擘画全面建成社会主义现代化强国的时间表、路线图。在2020年全面建成小康社会、实现第一个百年奋斗目标的基础上，再奋斗15年，在2035年基本实现社会主义现代化。从2035年到本世纪中叶，在基本实现现代化的基础上，再奋斗15年，把我国建成富强民主文明和谐美丽的社会主义现代化强国。

自"两个一百年"奋斗目标提出以来，中国就在竭尽全力地去实现这两个目标，现在第一个一百年目标已经胜利，我们要再接再厉，为开启全面建设社会主义现代化国家新征程开好局、起好步。

"无为以天为纸太轻，无语以情为字太浅。"五千年的画卷光辉灿烂，七十年的成就举世无双。在这举世无双的成就的背后，是一位位隐姓埋名、为国家艰苦奋斗的科学家，他们以梦为马，奉献青春，不负韶华，扛起了一个时代。前有钱学森、邓稼先、程开甲等人，后有袁隆平、屠呦呦、林俊德等人，中华民族之所以能够崛起，屹立于世界而不倒，正是靠这些一心为国、不畏艰辛的人。世界对中国敬畏最根本的原因其实是中国有这种无私的人的存在，正因为他们的努力，才有了现在的军事强国。

当国外出现战乱，那些仍然在当地的海外侨民随时都有危险，面对这种情况，国家不会袖手旁观，就像之前叙利亚战争期间，中国果断撤侨，而要做到这一点必须有绝对的国防科技作为保障。正是因为那些前赴后继的科学家，我们的国家才能越来越强盛，在国际舞台上拥有话语权。

阅兵是国家军事实力的一种体现，国庆七十周年阅兵的画面在全国播放的时候，在地铁站，在大厦前，人们笑着指着画面中的一行一列，而眼中却已饱含泪水，深深地感受到了我们的国家此刻已坚不可摧傲然屹立！

有如此强大的国家作为后盾，我感受到了满满的幸福感和安全感，为自己是一个中国人感到庆幸和自豪。

国家给予了我们如此优越的环境，我们也应该为中国的伟大崛起，为中国梦的实现作出自己的一番贡献，不负青春，不负韶华，不负时代。放飞我们的梦想，融入国家发展大局，将国家与自身联系到一起，做到我为国家，国家为我。

眺望未来，前方的道路依然艰险，然而，光荣与梦想，永远燃烧在我的心扉！深深地为您祈福，我的祖国。

岂不可惜韶光虚过了

医学院　针灸推拿学　2019级硕士　香港　邱渊铭

　　厦门的冬天来了，渐渐开始降温，我也即将迎来研究生在这厦大校园的第四个学期，在一年半前踏入校园时我就已经有预感离开时的不舍，此刻晚风和毕业的临近感一起陪我看日落，我想提笔记录这份感受。

　　如果问为什么不舍，纵有千言万语竟无语凝噎，我爱这片土地。其实和我有一样想法，离开香港寻求希望与机会的年轻人不少，在之前香港的教育、传媒、司法氛围下，我只能够感到生活中的戾气、颓废与不恭，这样市侩环境下又有黄之锋等专攻文化传媒方向的"乱港分子"渲染，香港青年一代很难了解新中国那段充满牺牲与热血、激情与光荣的历史，以及这段历史与香港又有怎样千丝万缕的关系。没有对自己、对国家的准确定位，就会做出许多令人气愤、费解的举动。

　　1941年，由中国共产党领导广东人民抗日游击总队及其领导的地方组织（1942年2月成立的港九大队前身），在港岛、九龙等地区与日军展开城市游击战和海上游击战，"中国文化名人大营救"行动成功转移了邹韬奋、何香凝等800多位文化界人士、国际友人、盟军飞行员，为新中国保存了优秀的文化火种和抗战力量。像这样可歌可泣的光荣历史香港年青一代却不了解也不愿去了解，自然难以融入国家的发展中去。

　　1962年，毛主席曾说："从现在起，五十年内外到一百年内外，是世界上社会制度彻底变化的伟大时代，是一个翻天覆地的时代，是过去任何一个历史时代都不能比拟的。处在这样一个时代，我们必须准备进行同过去时代的斗争形式有着许多不同特点的伟大斗争。"想更好地参与国家建设，就需要了解话语其中含义，在党的十九大报告中，对"两个一百年奋斗目标"的部署契合了毛主席对未来50到100年的世界变化做出的准确的总判断，第一个一百年目标是中国共产党成立100年时全面建成小康社会，第二个一百年目标是新中国成立100年时建成富强、民主、文明、和谐、美丽的社会主义现代化强国。也只有中华人民共和国能够提出如此壮阔宏伟的目标，我们作为这片土地上的人民，拥有自豪、内省、团结的56个民族，约五千年的文化积淀，凭借这些，我们定能完成这一史诗级目标。

年少时为赋新词强说愁，看不懂《纪念白求恩》《为人民服务》《愚公移山》其中深意，回头再看，毛主席用最朴素的语言告诉我们，建立起世界性的意识形态团结所有人，充分调动人民的积极性，就能完成最为壮伟的目标。如今在这新时代、新征程中我有幸能见证国家的点滴发展，从路上偶遇厦门市实施垃圾分类的规范化垃圾运输车，贯彻着"绿水青山就是金山银山"的发展理念，从厦门市地铁3号线试运行，从越来越密的高铁运输网，从山东舰交付中国人民解放军海军，从嫦娥五号返回器携带月壤降落四子王旗……这点点滴滴大小事，每每想起总能让人感慨欣慰，也时时警醒着自己，作为一个医学生的责任与使命。

2020年8月，我与医学院的几位同学组成"医路初心"实践队去福州市永泰县进行义诊，同学们为太原社区的居民测量血压、血糖，提供健康咨询，而我为这里的老年人做些力所能及的推拿按摩及相应的针灸、拔罐辅助治疗。

2020年9月，习近平总书记对所有青年学子寄语："希望同学们不负青春、不负韶华、不负时代。"人生短暂，白驹过隙，在这过去任何一个历史时代都不能比拟的时代，在百年

"医路初心"实践队义诊

未有之大变局下，我们风华正茂，不把这青春挥洒在"两个一百年"奋斗目标这样史诗级的画卷中，岂不可惜。

　　写到这里，我心依旧澎湃，对这一方校园，对这一片天地有很多怀念，文章的最后放上两张厦大校园的无人机夜景鸟瞰图，献上我真挚的祝福，愿厦大在百年生辰里走向下一个辉煌，愿中国在中国共产党领导下早日实现"中国梦"。

厦门大学夜景

我的青春，我的梦

人文学院　文字学　2020级硕士　香港　钟楚妍

习近平总书记在湖南大学岳麓书院考察时对青年学子深情寄语："希望同学们不负青春、不负韶华、不负时代。"何为青春？青春是青年身上奔涌的爱国热血。何为韶华？韶华是青年骨子里为国家发展贡献的一腔正气。何为时代？是在"两个一百年"奋斗目标的国家发展大局的背景中，青年们奋斗进取的身影。

在全面建成小康社会之际，身为青年人，我们更应该做好自己，树立目标，朝着梦想前进，为踏入"第二个一百年"而奋斗。习近平总书记说："实现中华民族的伟大复兴，就是中华民族近代以来最伟大的梦想。"

每一个人都应该有自己的梦想，而"中国梦"就是中国海内外同胞们共同的梦想。中国梦孕育在我国古代劳动人民智慧和血汗的结晶——长城关；中国梦流淌在中华文明的摇篮——黄河塬；中国梦，在南方小镇那个芳草萋萋的春天萌芽；中国梦，在雷锋和铁人精神里升华。追梦的脚步如彩云追月，追梦的思想如黄钟大吕，追梦的呐喊气吞山河。

"墨子号"在酒泉用长征二号丁运载火箭成功发射升空时，是中国梦绽放的时刻；"神威·太湖之光"超级计算机系统荣登世界超级计算机TOP 500榜单之首时，是中国梦绽放的时刻；世界最大单口径射电望远镜"天眼"在贵州喀斯特天坑中正式启用，是中国梦绽放的时刻。在这些梦里有自信、自强、自立，更有海纳百川的胸襟。美丽中国富强中国，绿色中国和平中国，这就是今日的中国梦。复兴之路其修远兮，举国上下共求索。中华儿女呕心沥血，前赴后继，今日的中国，必将绽放一个绚丽辉煌的梦！

我们的一个个梦想成为现实。圆了民族独立梦，圆了百年奥运梦，圆了航天航海梦。也圆了房子、汽车、上学、养老的百姓梦。坚持走中国特色社会主义道路，以实现中华民族伟大复兴。在未来，我们还将携手海内外同胞们，让世界见证一个更加美丽的中国梦在我们手中梦想成真！

"历史和现实都告诉我们，青年一代有理想，有担当，国家就有前途，民族就有希望，实现我们的发展目标就有源源不断的强大力量。"这是习近平总书记对青年的高度重视和殷切希望。作为一个正在成长的青年人，我牢固树立"四个意识"，紧密团结在以习近平同志为核心的党中央周围，认真学习贯彻习近平新时代中国特色社会主义思想，自觉指导自身和学习、工作，切实增强责任感和紧迫感，积极投身中华民族伟大复兴的建设，为祖国和人民贡献青春和力量！

为了助力"中国梦"，能够为中华民族的伟大复兴添一把柴火，我给自己定下小小梦想，从自身做起，不断要求进步，提高自己的综合素质。希望能够成为对家庭、对社会、对祖国有所贡献的人，我也正朝着我这个小小梦想不断地努力。我梦想将来成为一名教书育人的"教书匠"，坚守着三尺讲台，悉心地呵护祖国的花朵们，让他们能够茁壮成长，为绽放出更璀璨的"中国梦"而增添生机与活力，这就是我的小小梦想。

人生因梦想而高飞，人生因梦想而伟大。梦想是生命中隐形的翅膀，激励我们的生命，摆脱平庸和低俗，克服人性的弱点，走向优秀和杰出。有梦想的我们由彷徨走向坚定，最终走向成功。"中国梦"也正是由海内外同胞们无数个小小梦想所汇成的，相信在未来世界将见证我们绽放出更璀璨的梦，携手向着第二个百年奋斗目标迈进！

地下铁之梦

国际中文教育学院／海外教育学院 台港澳学生先修部
2020级 香港 林子璐

穿过厦门中华城站的站口，沿着整洁的台阶而下，秩序井然的安检门边工作人员礼貌微笑，快速便捷的检票口处手机扫码节省购票时间。抬脚踏入停靠平稳的车厢，我靠在铁质椅背上，目送车窗外的广告牌划成一片绚烂的影。穿行在地铁间的风带着其特有的味道抚过鼻尖，牵扯出记忆中另一个城市肖似的场景。

小时候，我总是乐于一手牵着母亲，一手攥着粉红色的八达通，端坐在明亮整洁的港铁上，任穿梭于地底的巨龙把我们送到地图上那些闪烁的、新奇的地方。不同于老家行驶时颠簸破败的公交车，这里的地铁运行得四平八稳；不同于因老旧生涩、难以推开车窗以至于浑浊闷热的车厢空气，这里的地铁之间总有一缕风，沾着消毒水的清香绕过人群把我严丝合缝地包裹；不同于推搡之间频生龃龉的乘客，这里的人永远安静、体面——以及忙碌。坐在座位上敲打键盘的年轻人也好，紧握扶手另一头不停收接着工作消息的中年人也罢，西装革履扬起的弧度是香港GDP上升的曲线，步履匆匆踏出的步子是香港不断前进的鼓点。没错，香港的繁华既高悬在鳞次栉比高楼间炫目的霓虹之上，又流淌于街道之下沉默的、呼啸的地铁之间。

报站声响起拉回了我的回忆，我随着汹涌的人潮在昌厝站下车。十几年时光像车窗中消逝的风景般掠过，当初的铁皮公交车已被充电行驶的环保车型替代，一、二号线的开通也让地铁出行不再新鲜，而由出行方式折射出的巨变更是让人惊叹。漫步在思明区的街头，路边的共享雨伞为多雨时节出行提供保障，空中自行车道让骑行更加安全；走进商城购物，自助结账让收银台前不必排起长龙，从前只能在尖沙咀海港城见到的顶奢品牌店铺也近在咫尺。我捧着奶茶感受着科技发展所带来的弥漫在生活中的方便快捷的因子，也欣喜于看到昂扬向上的众生相。擦肩而过的女生穿着洛丽塔式衣服自信地张扬裙摆，开放的文化氛围下不会有人对她白眼；斑马线上快步经过的年轻白领眼神坚毅，在厦门立足生活的目标促使他们奋斗前进。阳光肆无忌惮地为这座花园城市的高楼大厦涂抹上金色，暖意升腾，我吃掉杯底最后一颗芋圆，思绪又飘回了香港。

自中环那场暴乱发生后，我就再没回过香港。网上那些骇人的视频下有一场又一场口水战，而我只是看着画面中那些呐喊着却又眼神空洞的年轻人心生怜悯。住在香港时，住宅后面是一排低低的灰房子，再远一些是绿茵影影绰绰的赛马会公园，而公园旁是拔地而起的城市广场。小时候的我只看得到公园和大商场相得益彰的和谐，等我高出窗棂许多时，我才看到公园不只有葱翠和鲤鱼池，也有白日之下年轻人三五成群聚在一起打牌；到了晚上，那些矮屋低低地吼着不知名的舞曲，窗子透出迪斯科灯球的光，妖异的光映照在森林寂静的深绿上，映照在商场璀璨的灯牌上，映照在无数彷徨、蹉跎年岁的年轻人心中。而地铁车窗上映出的一张张奋斗的面孔也逐渐苍老，新鲜血液越来越少，高峰期拥挤的车厢也渐渐空旷。人地矛盾，行业饱和……发展的那条路越走越窄。

厦门的晚风把我吹回现实，橘色的霞光近乎辉煌，好似通往未来的门伫立在远方。厦门也好，华夏大地上无数大小城市也好，都是我们这些年轻人可以扎根奋斗的土壤。来到内地，广阔的发展空间是党与国家的馈赠，奋发努力，不负青春与韶华，更不负于这个时代，是我们能给予的最好回报。置身于这个宏大的时代坐标，为新时代、新征程发奋图强，是我们肩头的重任，也是激励大家前进的不竭动力。

列车仍在地底穿行、轰鸣，像这个城市跳动的脉搏，承载着千千万万年轻人奋斗的、永不停息的梦。

香江学子融大局，不负韶华担使命

经济学院　金融学　2019级本科　香港　林浩宇

新时代青年学生的新使命

2021年是中国共产党成立一百周年，也是"十四五"开篇布局之年。百年来，中华民族历经种种磨难，终于迎来伟大复兴的光明前景，人民过上了安居乐业的幸福生活，国际话语权不断提升。古语云：达则兼济天下。复兴之路上的中国也不忘践行"人类命运共同体"的理念，为解决人类共同面临的问题提供中国智慧和中国方案。在这承前启后、继往开来的中国特色社会主义新时代的背景下，我们作为青年学生，身上自然背负为国家奉献的新使命。

2020年9月17日，习近平总书记在湖南大学岳麓书院进行考察，总书记以岳麓书院的两句话"惟楚有材，于斯为盛"来勉励青年学子不负青春，不负韶华，不负时代。国家的建设需要大量的人才，而大学又是人才的聚集地，因此我们青年学子的新使命，就是要勤奋学习，为国家发展贡献力量。作为来自中华人民共和国香港特别行政区的一名大学生，我身上更是背负着促进香港同内地交流与发展的特殊使命。当今国际形势变幻莫测，香港扮演着"背靠祖国，面向国际"的重要角色，来自香港在内地读书的青年学子，如何处理好两地关系，融入国家发展大局更是任重而道远。为了在新征程的道路上履行我们青年学子的新使命，我们要"肩负时代责任，高扬理想风帆……做有理想、有追求的大学生，做有担当、有作为的大学生，做有品质、有修养的大学生"。坚持道路自信、理论自信、制度自信、文化自信，并努力发扬创新精神。港生的特殊身份使我更清楚地了解香港的发展是国家发展中的一部分，香港的发展需要且必须融入国家的发展当中。

只有国家强大，香港才能砥砺前行，重新出发

2019年对于香港来说是特殊的一年，从一座美丽的国际大都市，变得满目疮痍。2019年的暑假，我就目睹了这一难以想象的变化。一群与我们年纪相仿的"极端分子"，受到各种方式的"洗脑"，为了达到他们那些不切实际的目的，做出各种破坏社会安宁、伤害他人甚至挑战国家主权的违法犯罪行为。在当时，普通市民害怕得不敢外出，就算外出也要当心受到暴力分子的袭击。"乱港分子"的这些行为，无疑是葬送了他们自己的大好前程，辜负美好的青春年华。2020年6月30日，全国人大常委会表决通过《中华人民共和国香港特别行政区维护国家安全法》（简称《香港国安法》），香港的社会秩序才得以恢复宁静。《香港国安法》的实施，符合包括香港同胞在内的全体中国人民的根本利益，维护国家主权、安全、发展利益，维护香港长治久安和长期繁荣稳定，确保"一国两制"行稳致远。只有"国安"才能有"家安""民安"。《香港国安法》的订立早在2003年就已在香港开始，却受到种种阻挠，2020年，依靠国家的强大力量，这一社会纷争才能得以解决。此外，面对突如其来的新冠病毒肺炎疫情，国家也给予香港巨大的支持，包括进行大规模核酸检测，帮助兴建"方舱医院"，提供各方面的抗"疫"经验。这些无不体现国家的日益强大，作为青年学子的我，为身为国家的一分子而感到骄傲，也极大地增强了我对国家未来发展的信心。并且我也充分认识到"一国两制"这一伟大构想让香港保持长期繁荣稳定。

融入国家发展大局，实现自身价值

1997年，香港刚刚回归祖国怀抱，改革开放正在如火如荼地进行。作为内地对外开放、面向国际的桥头堡，香港20多年来为国家带来大量资金、技术。而如今，改革开放已过40多年，国家发生翻天覆地的变化，香港的角色也有所转变，面对当今的新形势，融入国家发展大局，是香港包括我们广大香港青年最正确的选择。以粤港澳大湾区为例，作为中国开

放程度最高、经济活力最强的区域之一，在国家发展大局中具有重要战略地位。在2020年香港特别行政区行政长官施政报告中，为了香港更好地融入国家发展大局，以粤港澳大湾区为切入点，积极成为国内大循环的参与者和国际循环的促成者。为此，特首提出诸多措施，包括深化两地金融互联互通、港珠机场合作、建立深港科技创新合作区、推出"大湾区青年就业计划"鼓励青年人前往大湾区就业，融入国家发展大局。与此同时，相关政策也得到中央的大力支持。既然两地政府在政策上如此支持香港青年融入国家发展大局，那么作为正在祖国内地读书的香港青年，我们又有何理由不抓住这大好机会，乘上国家高速发展的东风，将自身所学投入国家建设中呢？同时，利用我对两地的充分了解，在投入国家建设过程中，做到优势互补，为国家迈向高质量发展贡献出自己的一分力。

　　香江学子融大局，不负韶华担使命。站在这为了实现第二个百年目标而奋斗的历史道路上，作为来自香港特区的一名有志青年，我必将不负青春，不负韶华，不负时代，勇担建设祖国的重任，坚守"爱国爱港"的核心价值，在融入国家发展大局中，实现自身价值，与其他青年一起共同谱写中华民族伟大复兴的时代篇章！

星星之火，代代相传

经济学院　金融系　2019级本科　澳门　黄炜林

"未被生活湿透，不足以谈岁月静好。"在这片充满生机的华夏大地上，有盛世的辉煌，也有屈辱的伤痕。知以"天下熙熙皆为利来"，深谙"落后就要挨打"，尝尽世态炎凉。终以点点星火，匿于田，壮以草木。日月出矣，而爝火不息。焚于林，而熊熊起，不能灭乎。新中国不畏风雨乘风破浪，在实现中华民族伟大复兴的道路上，砥砺前行。

港珠澳

1980年，珠海经济特区成立，让这个东望香港、南连澳门的"小渔村"得以进入人们的视野。1997年，香港回归祖国。1999年，澳门回归祖国。虽未能见证这些历史性的时刻，但听着老一辈热泪盈眶的诉说，我也足以感受到当年的盛况。殊不知，我与它们的不解之缘也就此结下了。我居住在珠海这个美丽的海滨城市，有阳光、大海和沙滩。在这二十年间，我与它一同长大，随着经济的蓬勃发展，一座座高楼如雨后春笋般拔地而起，"城轨""有轨电车"等便民交通设施也不断完善，但不变的是蔚蓝的天，郁郁葱葱的草木。

2018年，在辽阔的伶仃洋上，一条蜿蜒的"巨龙"横空出世——港珠澳大桥，这条东起香港、横跨伶仃洋、西连澳门与珠海的跨海通道，为珠三角地区注入了新的经济活力。

港珠澳大桥夜景

谈起澳门，脑海中浮现的便是那曾经"蕉林绿野，农庄寥落"的横琴，而如今，横琴已俨然成为澳门的"后花园"，2009年，中央批准澳门大学在横琴建设新校区，并授权澳门特区政府管理，深入促进两地交往交融。横琴以其优越的政策以及地理条件，吸引众多澳门企业在横琴跨境办公，鼓励澳门青年到横琴创新创业，并给予相应的资助补贴。横琴无疑是国家送给澳门的一份"大礼"，它为澳门青年提供了大显身手的舞台，创造了无数的机遇与无限的可能。

2017年，强台风"天鸽"肆虐澳门，整座城市除了台风的咆哮声，一片死寂。折断的树枝，破败的树叶，零散的玻璃碎片……这与昔日华灯璀璨的澳门形成鲜明的对比。送走了无情的台风后，迎来的是一群"最可爱的人"，他们顶着当空烈日，汗如雨下，一刻不停地修缮着"天鸽"肆虐后留下的满目疮痍。在大家的齐心协力下，这座"死城"终于焕发出了往日的光彩。

不负时代，不枉此生。

闽西行

　　"读万卷书，不如行万里路"，得益于澳门人的身份，我有幸走出书本，参与到"美丽中国—闽西行"的研习活动中，闽西作为著名的革命老区，铸就了苏区精神。走进古田，最引人注目的便是"古田会议永放光芒"八个大字，岁月的冲刷也难掩它们的鲜红，而这份如火般的红，也象征着革命先辈的热血。讲解员告诉我们：中国工农红军第四军党的第九次代表大会便是在此召开，也正是这次会议，确定了党对军队的绝对领导，是党和军队建设史上的一个重要里程碑。一路上，我们看到了毛主席曾经留下的脚印，发现了战士们在房屋内生火取暖的烧痕，一切仿佛置身事中，脑海中不断浮现出先辈们探寻革命道路时筚路蓝缕、艰辛奋斗的情景。先辈们身体力行告诉我们：幸福并不是必然的，而是一步一个脚印拼尽全力争取来的。

古田老区

　　漫步于长汀古城，我们伫立于一片草坪前，讲解员告诉我们：这里是瞿秋白同志的就义地。作为中国共产党早期的重要领导人之一，他的一生无疑是传奇的，却也是令人惋惜的。在身份暴露后，他不屈服，不妥协，只是提出不要让他跪着死去的条件，带着最后的尊严，平静地说出："此地甚好，开枪吧。"短短一句，回响大地，竟令人无语凝噎。而永垂不朽的，便是他坚毅的风骨。

　　而后，我们游览了冠豸山石门湖，领略了祖国的大好河山，"北夷南豸，丹霞双绝"名副其实。体验了"游大龙""造宣纸"等传统手艺，惊叹于传统文化的博大精深。

　　不负韶华，不虚此行。

　　"天下兴亡，匹夫有责"，愿我们以平民之身，怀赤子之心，思公卿之责，念国家之大事，辟盛世之太平。

冠豸山石门湖

放歌新时代，建功新征程

经济学院　金融学　2019级本科　台湾　杨雅奇

2020年9月17日，习近平总书记在"千年学府"湖南大学岳麓书院考察之时，对青年学子深情寄语："不负青春、不负韶华、不负时代，珍惜时光好好学习，掌握知识本领，树立正确的世界观、人生观、价值观，系好人生第一粒扣子，走好人生道路，为实现中华民族伟大复兴贡献聪明才智。"同时也强调"惟楚有材，于斯为盛"。

花有重开日，人无再少年。青年时期是每个人重要的人生积累时期，每天都能收获到不同的人生见识，拥有无限的可能。而在新时代到来之际，数千万青年学子也共同见证第一个百年奋斗目标成为现实，肩负着时代伟大的使命。身为新时代的港澳台学子，我们同样也见证着时代的伟大变迁，与时代共同发展。

品热血志愿活动，不负青春

2020年伊始，新冠病毒肺炎疫情暴发，全球的防疫物资告急，我校管理学院的六名青年学子在阖家团聚的除夕之夜成立了"担当者共克时艰志愿团队"，发起"全球联动　战'疫'有我"——厦大学子防疫物资驰援湖北志愿项目，在极短的时间内采购数万件防疫物资运送到湖北前线，并联合全球力量加入抗"疫"行动。这些青年学子充分体现了"志愿新时代，共筑中国梦"的志愿主题，以自己的微薄之力为志愿服务事业发展和文明社会建设贡献了厦大学子的青春力量。在他们的身上，我看到了青年一代朝气蓬勃的无限动力，他们勇于在危难时刻出击，与人民同奋斗，与祖国共命运，是我们应当为之骄傲、学习的一代人。

2020年11月，第33届中国电影金鸡奖颁奖典礼如期在厦门举行，我

志愿项目在第五届中国青年志愿服务项目大赛获得金奖

厦大青年志愿者在电影节现场的合影

校的青年志愿者同样为电影节系列活动的顺利举办奉献出了自己的力量。他们每日清晨而出，披星戴月而归，经历了多日的工作与培训；在疫情防控期间，更加仔细地进行信息核对；面对嘉宾热情大方，面对外宾更是运用熟练的外语交流技巧等，展现了厦大青年学子优秀的实力和热情。

青年人是骄傲的一代，青年学子拥有祖国坚实的后盾，拥有时代最好的照耀，在无数的志愿活动中，更能体现我们青年一代为祖国奉献的力量。不负青春，就是要在理想信念上不断坚定前行，就是要到祖国最需要的地方奉献力量，就是要为了时代更好地磨炼自己，为祖国志愿服务添上浓墨重彩的一笔。

览祖国壮丽河山，不负韶华

10月中旬，第四届台湾大学生敦煌文化研习营在甘肃圆满举办，我校有几名学子也参与了此次活动。莫高窟的壁画在岁月的流逝中遭到了破坏或自然氧化，参观莫高窟的机会也因此更加可贵，令人向往。这一次活

敦煌文化研习营合影

动不仅是为了弘扬敦煌文化，传承"择一事终一生"的莫高精神，更是想通过交流体验、互动学习的方式让台湾青年学子们更好地了解甘肃在"一带一路"重要通道上的历史文化和建设成就，亲身体验敦煌文化所蕴含的交流、理解、包容的价值共识，感受祖国河山的壮丽之美。

时代为我们这一代青年学子提供机遇，让我们有机会领略祖国的大好河山，体会中华民族的文化精神，也展示了我们中华民族的文化自信。作为新时代的青年学子，我们正逢其时，以梦为马，不负韶华，就是要在社会实践中历练自我，胸怀远大志向，脚踏祖国大地，以自身体会书写绚烂无悔的青春华章。

赏改革新篇章，不负时代

2020年是具有里程碑意义的一年。这一年，是改革开放42周年，是全面建成小康社会的一年，是实现第一个百年奋斗目标的一年，是"十三五"规划完成的一年，也是脱贫攻坚决战决胜的一年。数千万青年学子见证了我国数项改革成果的实现，见证了我国经济与科技的蓬勃发展。

长征五号成功发射天问一号火星探测器，象征着我国成为世界上第一个通过一次任务实现火星环绕着陆、巡视探测的国家，是我国建设航天强国进程中的重大标志性工程；嫦娥五号成功携带月球土壤样品返回地球，为中国探月工程"绕、落、回"三步走发展规划画上了圆满句号，标志着中国首次地外天体采样返回任务圆满成功，同样是我国科技的一项重大进步。

这一切，都是新时代带给我们的丰富宝藏，"天行健，君子以自强不息"，正是中华民族精神的最好体现。我们这一代青年学子不仅要肩负新的历史使命，更要承担新的社会责任，为祖国的繁荣腾飞奉献自己的力量。少年强则国强，不负时代，就是要让每一代青年学子在学习工作中进步，放歌新时代，建功新征程，一起乘风破浪，扬帆起航！

踏青春之浪，与时代俱兴

法学院　法学　2020级本科　香港　吴榕棋

展望青春，时代晴朗，吾心飞扬。站在百年未有之大变局面前，迎接着属于新时代的挑战与机遇，我深感生于繁荣富强的中华人民共和国的幸福。

回首2020年国家的辉煌成就，我倍感自豪。这一年，北斗卫星导航系统全球覆盖；这一年，中国抗击新冠疫情谱写了一份完美的答卷；这一年，中国实现了第一个百年目标——全面建成小康社会；这一年，《民法典》审议通过，并于2021年1月1日起施行……"用汗水浇灌收获，用头干笃定前行。"这是丰功伟绩的一年，寥寥数语讲不尽国家的累累硕果。丰厚成就凝聚着新时代奋斗者的心血和汗水，彰显了不同凡响的中国力量、中国风采。而面对未来，我们也有着更美的期待。时代向前，吾辈向上，我们新青年会以赤诚青春之心，熔铸于时代之中，奋斗驱萧索，不负少年时。

在与时代的同步发展中，我可以明显感受到祖国崛起的步伐，正一步一步沉稳而又矫健地向新时代迈进。要实现中华民族伟大复兴，作为青年一代的我们是不可或缺的重要一部分。重温一百多年前梁启超的《少年中国说》，仍使人心潮澎湃、热血沸腾："故今日之责任，不在他人，而全在我少年。少年智则国智，少年富则国富，少年强则国强，少年独立则国独立，少年自由则国自由，少年进步则国进步，少年胜于欧洲，则国胜于欧洲，少年雄于地球，则国雄于地球。"青年铸就时代，韶光不负家国。心系祖国家园，放飞青春梦想，我会在最美好的青春里努力奋斗，以梦为马，不负韶华，谱写属于自己的五彩斑斓的青春画卷，系好人生第一粒扣子，承担起新时代的新使命，为社会主义现代化强国的建设添砖加瓦。

国力日益昌盛的同时，人民也深切体会到日子正变得越来越幸福。就拿我自己来说吧，港珠澳大桥的建成通车，为我往返于香港、内地之间提供了极大的便利。原本需要耗费好几个小时的路程，现在只需要45分钟就可以直达香港了，极大地节约了时间、精力。这是我身为一位在内地上学的香港人，可以非常直观感受到的——科技的发达、国力的强盛以及国家在飞速发展的同时不忘挂念人民基本需求的民本之心。除了国家便民措施体现了对人民的深厚关怀，在学校里老师与同学们都特别照顾我，让我在学校也体会到家一般的温暖，虽然是孤身一人在内地上学的香港学生，我仍然收获了满满的幸福与爱。

而发生在新时代的新变化，也触动着我。如"中国是世界上最安全的国家之一"成了不少人的共识，加上中国可观的发展前景，"移民中国"正变得越来越有吸引力。而移民吸引力也一定程度上反映一个国家强大与否，中国变得越来越强大、越来越繁荣富强成为可明显感知的事实。我们中国永不称霸，但随着国家实力的不断上升，我相信我们迟早要承担起与我们国际地位相称的责任和义务，毕竟能力越大，责任越大。生在一个如此强大而安全的国度，我倍感自豪与幸福。

陈独秀曾有言："青春如初春，如朝日，如百卉之萌动，如利刃之新发于硎，人生最宝贵之时期也。青年之于社会，犹新鲜活泼细胞之在身。"青春的力量，有如旭日初升，蓬勃而出，磅礴而来。燃青春之年华，就泱泱之大国，不负青春、不负韶华、不负时代，我们都是新时代征程上最美的追梦人。

青春三重奏

法学院　法学　2018级本科　台湾　罗乔文

有人说在青春的世界里，沙粒要变成珍珠，石头要变成黄金，沙漠要繁衍成森林。青春的魔法，不在于拥有什么，而在于追求什么。作为处于青春时期的大学生，我们当追求有声有色的学习，有滋有味的生活，有情有义的交往，争做有丰盈故事的大学生。

在这场青春故事中，我们都哭过，也都笑过；我们都无奈徘徊过，也都激情澎湃过。这是心与神的交响曲，灵与魂的格律诗。

青春交响曲之遇见最美自己

岁月如流水般而逝，年华无息地飞跃，我已经是一名大三的学生。在这三年的学习生涯中，我作为一名台湾学生，深感自己与同龄且经过高考选拔出的大陆学生的差距。不知是否是自己一直在逃避问题，我到现在还一直处于大学迷茫期。四年大学生活已经过去一半多了，身边的同学无不在为自己的将来打拼，或考研，或出国，或实习找工作，感觉只有我还在过着任务式的被动学习生活。自己也愈发感觉到，越长大精神压力越来越大，责任越重，看似"佛系"的外表，内心却掩盖不住"毕业即失业"的慌乱，一种自己不够优秀就有可能会被社会淘汰的恐惧越来越多。

正如莱昂纳德·科恩的《颂歌》中所言："万物皆有裂缝，那是阳光照进来的地方。"换句话说，万事万物，并不是完美无缺的，总是带有一点小瑕疵。但是我们不应该也没有必要着眼于它的不完美，因为也许它的不完美也会是一种希望、一道光芒。因此，我们要明白人和人本身就是有差距的，没有必要刻意地勉强自己而和别人保持同一步调。我的一生，有太多的未知，我无法预测接下来会发生什么事情，但是活着的目的是遇见美好的事物，尤其是当年龄渐长时，我会发现我所期待的美好事物越来越多，可是生活不会这么容易地顺从我，我总要付出一些，才会有所回馈。那么前提就是，遇见更美好的自己，学会承认、接纳自己的不足，才能学会欣赏他人，才能处理好与他人的关系，进而融入社会，融入这个美好的世界。要知道，很多美好的事物是力所不能及的，但我仍要期待它，相信它会出现，我要坚信我会遇见更美好的自己。

青春交响曲之浅尝国学

2016年暑假，在老师的推荐下，我来到了初阳书院，第一次接触国学。国学是一门大学问，也许显得不太近乎常人，然其内涵与其他学问一样灵动风趣。对经典传统古籍的研读，的确能磨砺一个人的性子，一定程度上也是"修身养性"。

原本以为与国学的邂逅只是昙花一现，仅存在于2016年的暑假。但是随着2020年新冠病毒肺炎疫情暴发，2020年的上半年我基本闲在家中。我来到杂物间，抱着"断舍离"的念头，准备清理一番，不料却在报废的电视机后头找到了当初国学课堂所用的教材，当时的记忆渐渐涌上心头。我吹掉了这些书籍上的落灰，又开始翻看着这些经典文化。读"关关雎鸠，在河之洲，窈窕淑女，君子好逑"，体会《诗经》中朦胧美好的情愫；读"信近于义，言可复也，恭近于礼，远耻辱也"，走近孔子重塑礼乐文明社会的远大抱负；读"王如施仁于民，省刑罚，薄税敛，深耕易耨"，感受孟子泽民仁政的政治主张……被遗忘的国学记忆逐渐清晰了起来。

这场与国学的邂逅注定将是我似水流年里的一个美丽波澜，它似翩翩起舞的蝴蝶，翅膀的翕张泛起层层涟漪。

青春交响曲之等一朵花开

"等一朵花开"是我对志愿服务的一个总结。

大一下学期，我和室友一起报名了"第四届中国'互联网＋'大学生创新创业大赛"志愿服务，我被分配到了五强赛区。在培训期间，我以为的志愿服务就是"有活干"，可是事实却是好几天晚上我们那一组成员被晾在建南大礼堂，因为另外几组同学在调试评委打分的电子设备。我心里想，既然我没有工作可做，那我就提前离开，这样我还可以去做其他事情，可以提高工作效率。于是我就跟负责老师讲我要先离开了，负责老师却告诉我说："等待也是工作职责，并不是所有志愿者都有工作要做，你是机动组，哪里需要就填补哪里，哪里需要就有你们的志愿者存在，如果你们因为当下没有工作就离场，那么等到关键时刻需要志愿者的时候，我该去哪里找志愿者？做一名合格的志愿者首先要学会的就是等待，要有耐心。"

感谢带队老师给我上的第一堂课，是她让我明白志愿服务就是等一朵花开，耐心地等待活动的圆满完成才是志愿者内心追求的结果。

心怀本真，历经磨难，终成大器。现阶段的我们不是温室里的花朵，而是普普通通的大学生，我们仍可以用我们的双手，我们的力量，我们的知识去帮助他人、奉献社会及国家，为我们中华民族伟大复兴作出自己的贡献。

只争朝夕　不负韶华

艺术学院　视觉传达　2019级本科　台湾　陈佳晶

金戈铁马远去，岁月静静流淌。百年前国家内忧外患，百姓对北洋军阀的统治激愤不已，国家正处于危亡之际时，无数学子踏上发展的列车，用他们的行动誓死捍卫国家主权，燃烧青春，燃烧生命，汇成国家发展的强大引擎。

不同的时代有不同的责任与担当，战火纷飞的年代，人们渴望和平，希望国家不再忍受压迫。如今，时代的风潮仍在延续，第三次科技革命浪潮滚滚而来，先辈用生命换来了现在来之不易的和平，国家间科技竞争日趋激烈，新时代的青年，当有新的作为。

高扬爱国帆，不忘来时路

尽管新时代有不一样的价值观念，但有一样是必须刻在骨子里的，那就是爱国主义。新时代的青年虽然没有经历乱世，仍需有"苟利国家生死以，岂因祸福避趋之"的爱国精神。爱国是建筑中国梦的基石，是华夏文明生生不息的根本。

从蔺相如"以先国家之急而后私仇"的宽大胸襟，到范仲淹"先天下之忧而忧，后天下之乐而乐"的赤诚之心，再到顾炎武"天下兴亡，匹夫有责"的责任感，这些国家脊梁都用自己的言行践行爱国。徐霞客历时三十年靠着一双脚徒步走天涯，更正的地理地貌不计其数；红军凭借着一往无前的精神创造出震惊世界的万里长征；各个时代文豪的诗篇中谱写着深切的爱国情……爱国情怀早已沉淀成中华儿女的优秀内在品格，传承着一代又一代佳话。

凝聚正力量，实干铸辉煌

习近平总书记曾说过："幸福是奋斗出来的！"他向青年学生提出了"爱国、励志、求真、力行"的八字要求。一个人有了理想和目标，才会有勇气、有决心，做事才不会怕困难。当下正是需要我们青少年努力的时代，我们面临的还有各种层出不穷的危机。新冠病毒肺炎疫情期间，中国临危不乱，携手人民很快恢复到平安生活，展现大国担当与风采。中华民族历经风雨，但没被任何一次苦难打垮，而是在一次次淬炼和升华中不断铸就辉煌。而我们现在能做的就是掌握扎实的基础知识，为将来研究学问、攻克科学难关、战胜病魔、谋求人类的幸福作出贡献。我们应当勇担时代之责，在危险中寻找机遇，应弄时代之潮，勇立潮头，不断挑战新高度。如今我们生活在和平年代，更应该充实自己，在知识海洋里远航，尽自己的责任和义务为国家作出力所能及的贡献。

昂首复兴路，实现中国梦

四十年前，我们向西方学习，如今，领跑的历史使命已沉甸甸地压在了我们身上。为了祖国的和平与统一，为了国家富强复兴，为了让祖国母亲傲然屹立于世界民族之林，我们应当更加努力。肩负着国家兴盛使命的我们，应该始终坚持"中国梦"，在大我中实现小我，担起新时代的责任。要继承博大精深的中华文化，将璀璨绚丽的文明瑰宝流传下去，同时还要将新时代的元素融入其中，赋予其新的生命，使其沉淀千年的芳华再次绽放。

在全球化背景下，我们应当学习青年曹原，力争在国际舞台上发挥中流砥柱的作用，培养起民族自信和大局观。我们是祖国的未来，是民族的希望，要高举维护祖国尊严的神圣大旗，为祖国争光，为民族争气。永远不能忘记，我们是"为中华之崛起而读书"！

五四精神，血脉流淌

建筑与土木工程学院　建筑专业　2020级本科　台湾　李昆璟

当五四运动爆发，当初升的旭日驱散那黎明前的黑暗，当星星之火点燃那霜冷的民族蟒原，五四精神从未随着时间的流逝而消失在历史的长河中，而是以民族的精魂洒落在广阔的华夏大地上，在历史的长河中奔腾不息。

五四精神，是刻在我们骨子里的爱国主义精神，是我们的责任，是我们的担当。它孕育出中国共产党，孕育出中华人民共和国，孕育出社会主义核心价值观。它始终如一地紧跟历史潮流，与时代同频共振，以其思想的维度将中华民族的民族精神提升到一个新的历史高度。

百年前，五四精神在北京三所高校发端，在3000多名学生的怒吼中伊始，以其爱国之志，挽狂澜于既倒，扶大厦之将倾。巴黎和会上，顾维钧不惧强权，掷地有声："胶州租借地、胶州铁路及其他一切权利，应直接交还给中国。青岛完全为中国领土，当不容有丝毫损失。……德国在山东所享胶州租借地暨他项权利，于法律上已经早归中国矣！"天安门前震耳欲聋的呼喊"外争主权，内除国贼"，是"五四健将"罗家伦以笔为戎，划破中国风雨如晦的暗夜，引导青年走向光明。陈独秀高举"德先生"与"赛先生"两大旗帜，向封建礼教思想猛烈开火，轰出了一条工农结合的道路。"潜龙腾渊，鳞爪飞扬；乳虎啸谷，百兽震惶；鹰隼试翼，风尘吸张。"他们是那个时代最为桀骜不驯的潜龙，最势不可挡的乳虎，最风驰电掣的鹰隼。他们胸怀大志，身肩重任，一心为中华之崛起奔走呼号。正是根植于血脉的爱国主义精神，青年们敢于用嘶哑的声带控诉那黑暗的时代，从他们身上崛起的五四精神，如漆黑夜空的点点星光，照亮中国百年征途。

1949年，中华人民共和国成立，一穷二白，百废待兴。新青年接过老一辈的接力棒，为新中国的建设呕心沥血，从无到有，从落后到领先，将那个弱小的新中国变得强大起来！决胜疆场，气贯长虹，古今多少奇丈夫。钱学森毅然放弃在美国的一切优厚待遇，以小我铸大我，为我国的导弹航天事业弥补了一大片空白。年过古稀未伏枥，犹向苍穹寄深情，欧阳自远在神秘的月球上留下了"嫦娥"的脚印。时代到处是惊涛骇浪，黄旭华埋下头，甘心做沉默的砥柱，他的人生，正如深海中的核潜艇，无声，但有无穷的力量。正是由于这些大国工匠，继承了五四精神，承担起建设祖国的重任，让五四的星星之火形成燎原之势，吞噬了笼罩中国的黑暗，唤出了姗姗来迟的旭日。

百年风雨兼程，饱尝民族苦难，历尽变革风霜。当新一轮长征的号角吹响，就是我们接过五四精神的火炬的时候，我们更需赓续五四精神，传承爱国主义，用行动书写时代责任与担当。

百年后的今日，五四精神似乎不再专属于时代的英雄传奇，而是像蒲公英般散落在中国每一个角落，在每一个中华儿女的心中生根发芽，盘虬生长，最终凝聚成中华民族伟大复兴的强大动力。窈窕淑女，除夕之夜，褪去华裳，着上战袍，驰援武汉，勇敢无畏。白衣天使，坚守前线，不顾自身安危，争分夺秒，同死神作斗争。东港环卫，捐出积蓄，却直接转身离去。建筑工人，昼夜奋战，不到24小时就将武汉方舱医院筹建完毕，用血汗书写抗击疫情的中国奇迹。快递小哥，延期婚礼，只为最快将防疫物资运输到前线……他们或许普通，或许平凡，但他们却用实际行动体现出五四精神的奉献与担当，真正将五四精神内化于心，外化于行，燃起国人的希望，民族的希望！

节物风光不相待，桑田碧海须臾改。沧海桑田或许须臾改，但是那在时空中熠熠生辉的五四精神却从未流变，历久弥新，在血脉中缓缓流淌。

燃青春韶华，就时代强音

国际中文教育学院／海外教育学院　台港澳学生先修部
2020级　香港　施佳妮

　　世间所有的桃花流水，云卷云舒，都不及你隔岸眺望而来的一眼。你是青春，热情似火，朝气蓬勃。你悄悄来到我的世界，让它充满绚丽，洋溢朝气。我仔细聆听你来时的脚步，宛若雨滴落在荷叶上轻快的音符声，清新明丽。青春迈着它轻盈的步伐悄然而至，成为每个人生命中的最难忘，而当它与时代产生共鸣，那将会成为划出天际的永恒瞬间。

　　忆往昔，近代百年之变局时，实为危机存亡之秋也。少年康有为、梁启超学习外国制度思想，将自我的青春热血挥洒在挽救国家危机之重任中。他们发动戊戌变法，掀起维新思想的浪潮，唤醒了国人。他们在青春中实现了自我的价值，为艰难困苦的时代带去曙光。中华人民共和国成立后，邓小平同志提出改革开放，推动中国的发展建设，翻开了中国经济发展的新篇章，为社会主义事业作出巨大贡献。前辈用他们无怨无悔的青春，很好地诠释了青春的内涵与意义，他们堪称不负青春、不负韶华、不负时代的典范。

　　时代巨轮在前进，前人高昂热血的青春激励了一代又一代青年人奋勇向前，不负青春。

　　庚子春，大疫至，九州齐心共战疫，数月后，疫尽去，国泰民安。2020年，新冠病毒肺炎疫情的暴发向我们发出了一个巨大的挑战，中国人民没有为此退缩，众志成城，共同战"疫"。我们看到许许多多热血青年逆流而上，参与战"疫"，为自己的青春写下了壮丽篇章，他们是这个时代中青年人的杰出代表，展现了新一代青年人艰苦奋斗，挥洒青春热血的豪情满怀，彰显了他们高度的社会责任感与使命感。为此，我们更加深信不疑，哪有什么岁月静好，不过是有人在为我们负重前行，新一代青年用他们的实际行动为青春增添色彩，实现了人生价值，不负韶华，不负时代。

少年兴则国兴，少年强则国强。新一代青年有理想有担当，国家就有未来，民族就有希望。于我们这代人而言，青春在面临新机遇、新挑战的时代里熠熠生辉，在热血奋斗中焕发光彩。

随着科技不断日新月异，青年一代不断探索，遨游科技的海洋。在科技发展的浪潮中，我国国家实力的强大，国际地位的上升，为我们青年人提供了科技机遇，营造了探索科技的良好氛围，在国家实行科教兴国战略的氛围下，无数杰出青年在科技领域崭露头角，将青春奉献科技事业，在美好年华用汗水与拼搏奏响青春华丽乐章，奏响时代最强音。这是一个科技的时代，青年人必将在科技事业中实现自己人生价值，焕发青春光彩。最有希望的成功者，并不是才干出众的人，而是那些善于利用每一时机去发掘开拓的人。为此，我们青年应满怀实现人生理想、为国争光、创造美好未来的决心与勇气，做时代的弄潮儿，迎新时代之机遇，创新时代之辉煌。

机遇与挑战并存，新时代青年并不会为此停下前进的脚步，因为我们深知理想与时代紧密相连，新时代会让我们更有毅力，更有迎难而上的勇气；因为我们深信，青年人身上的自信与光芒，必能突破重重难关，创造辉煌。

韶华时光里，说不清道不明谁羁绊了谁的青春，谁灿烂了谁的青春，我只愿将这美好的青春与时代紧密相连，书写自己的人生篇章。

同　行

国际中文教育学院 / 海外教育学院　台港澳学生先修部
2020级　台湾　叶宜颖

2020年11月24日，嫦娥五号月球探测器在我国文昌航天发射场发射成功。

嫦娥吞下仙丹，向着那皎洁玉盘奔去。抬首遥望，目光追不上她早已远去的身影，只有这湛蓝无垠的深空，这融入了无限祈盼、无数心血的深空。当"嫦娥"在清冷的广寒宫落下，五星红旗的鲜红在寂静的银白中舒展，灼烧着颤抖不已的心。

"我们的征程，是星辰大海。"脑中不自觉闪过这句话。我走在回家的路上，仰首望天，夜空深邃，却不见明星。但我知道它在看着我，在它专属的轨道上静静守望——那颗名为"北斗"的全球卫星导航系统，那颗由中国自主研发的卫星，准确无误地，为我指明方向。

十几年前，也是在同一片天空下，我随母亲乘船跨过台湾海峡。小岛的轮廓渐渐淡去，眼前是更加广袤无垠的我的故乡。踏上沉睡巨龙的身躯，我不由得感到一阵紧张："大陆拼音是不是和台湾不一样呀，他们会不会笑我的口音？"我这样询问母亲。母亲忙于准备过海关的证件，只是随口回道："不会的，都差不多。"这自然不能打消我满心的不安。初入鹭岛，简单的小城，泛黄的居民楼，爬山虎盘旋而上，公交车摇晃着驶过。也不乏高楼大厦，商圈街店，却不会张牙舞爪地摆弄自己的时尚。心中烦闷消失了些许，只觉晴空万里，白鹭划过水面激起涟漪，令人舒畅。

"一只船，扬白帆，漂啊漂啊到台湾，接来台湾小朋友，到我学校玩一玩……"童声稚嫩，而与我相握的小手温暖，暖入我的内心。同学并没有想象中的讥笑嘲讽，只是友好。祖国并未苛责我的无知，而是助我渐渐融入这血脉相连的土地。不安早已烟消云散，只觉幸运，能融入这血脉，能在她的庇护下成长。

多年后，我坐在明亮的车厢内，地铁飞驰于隧道，时而轻晃，我安逸地眯起眼。从公交，到 BRT，再到地铁，鹭岛的交通线日渐发达。大巴、轮船、动车……通向各地的交通方式更是日益增多。我还依稀记得，同学随他的母亲初次体验和谐号动车的极速与便捷，那日他向我们描述时眼里迸射的光："屏幕上显示时速，随着它越来越快，直到最高速，整个车厢里的人都在欢呼！"那时的人们是如此激动喜悦，为和谐号，为这自主创新战略的重大成果，为祖国的繁荣昌盛。而今，动车早已变成最普通的出行方式之一，但当时给予所有人的震撼，依旧深深刻印在心。

我出生于黄金年代，没有战乱之苦，不受饥荒之害。我不曾亲历过最困难的日子，但我见证着祖国日渐繁荣的一步步。冀以尘露之微，补益山海，萤烛末光，增辉日月。我自知自己并非知识渊博，抑或天赋异禀之人，但正如鲁迅先生所愿，"愿中国青年都摆脱冷气，只是向上走，不必听自暴自弃者流的话。能做事的做事，能发声的发声。有一分热，发一分光，就令萤火一般，也可以在黑暗里发一点光，不必等候炬火。"我也愿做那萤火，为使中国不再饱受屈辱，为中华民族伟大复兴的中国梦，为了我的家。

"没有人会恩赐给我们一个光明的中国。"想要强，要昌盛富足，需全靠自己。青年人聚是一把火，散是满天星，更是应该拥有"抬眸四顾乾坤阔，日月星辰任我攀"的豪情。

或许我要走的路还很长，两岸关系发展并不是一帆风顺，这令我的处境平添了几分尴尬，但希望祖国繁荣富强的心愿不会改变。泰戈尔诗云："谁如命运似的推着我向前走呢？那是我自己，在身后大跨步走着。"做那薪火相传之人，回首不后悔自己所选择的路。

此后如竟没有炬火，我们便是唯一的光。

勇立时代潮头，放飞青春梦想

国际中文教育学院/海外教育学院　台港澳学生先修部
2020级　香港　苏铵淇

愚以为，香港社会面临一些困难和问题，使香港青年无法发现自我价值，实现人生理想。面对困境，他们产生了一些不满、不安的情绪，在一些邪恶政治势力的错误引导下"走上街头"。暂时的困境并不可怕，但是他们现在的这些行为并不能解决当下问题甚至会使情况越来越糟糕，还严重破坏了香港社会和祖国内地之间的互信。老一辈香港学者认为香港新一代的青年不同于老一辈香港人，他们更加崇尚个人主义，更加注重个人表达，也对香港有更加清晰的归属感。现在的香港青年是渴望建设属于自己时代的香港的，可是现在的香港和内地同20世纪八九十年代显现出两种截然不同的现象——内地高速发展与香港经济的衰退，这也就致使新一代香港青年更加地茫然与焦虑。

其实，随着时代步伐的飞速向前，香港青年与内地青年是一样的，都面临着大时代的挑战与机遇。我们坚信我们会创造一个更加辉煌的时代，我们拥有比父辈更优越的社会条件，但是我们也面临着比父辈更严峻的竞争压力。众所周知，在全球化的今天故步自封是行不通的，要想发展就必须合作共赢，这一点对于香港和内地都是一样的。香港的命运从来都是与祖国相连的，广大香港青年想要建设香港的梦想也始终与中华民族伟大复兴的历史进程紧密相连。在祖国发展的背景下，香港将会迎来更多发展新机遇，香港青年也会有更广阔的舞台来实现自己的梦想。

现在祖国已经为香港青年开了许多方便之门，粤港澳大湾区的建设就是一个很好的例子。在粤港澳大湾区的建设中，祖国给予了港澳青年很多帮助：政府举办了与内地相关就业的多个计划、设立了多个创业基金和发展基金。"港青电商第一人"、香港青年电商促进会会长程阳春带领着一批热爱电商行业的香港青年，以粤港澳大湾区为起点面向全国实现自己的梦想。2020年9月，由香港青年电商促进会和大湾区共同家园发展基金共同举办的"港真靓货"大型公益直播带货活动取得了巨大的成功。受新冠病毒肺炎疫情影响，香港经济低迷，港货滞销，而程阳春则以此为契机率先带领着一部分香港青年进军电商市场。"粤港澳大湾区是项宏伟的规划，它的提出和发展给香港青年提供了更广阔的天空。"程阳春说。"我们既要把实行社会主义制度的内地建设好，也要把实行资本主义制度的香港建设好。"2017年习近平总书记在视察香港时的一席话表达了对香港的支持，近年来"一带一路"倡议、粤港澳大湾区建设以及针对香港青年的优惠政策出台都是中央政府积极建设香港、帮助香港青年的表现，这些都是香港青年的机遇。香港青年应该要牢牢把握住这些难能可贵的发展新机遇。

习近平总书记曾说过，"青年兴则国家兴，青年强则国家强。广大港澳青年不仅是香港、澳门的希望和未来，也是建设国家的新鲜血液。港澳青年发展得好，香港、澳门就会发展得好，国家就会发展得好。"是啊，我们香港青年不仅是香港的青年，更是中国的青年。在人生中最美的年华里，难道我们应该肆意挥霍自己的青春吗？在这个充满机遇的时代里，难道我们不应该在党中央的带领和帮助下书写属于自己的新篇章吗？

新时代是一个英雄辈出的时代，青年人正逢其时。作为新时代的香港青年，我们应该不负青春，在人生最美好年华里我们需要珍惜时光好好学习，努力地用知识来武装自己，为自己将来的道路打好坚实的基础。我们应该不负韶华，在这一成长的阶段里，我们应该要树立正确的世界观、人生观、价值观，系好人生"第一粒扣子"，展现作为新时代中国青年的精神风貌。我们应该不负时代，抓住机遇，在政府的大力支持下去实现自己理想目标，并以实现中华民族伟大复兴为己任，将个人成长成才更好地融入国家发展大局之中。我们更应该具备爱国奋进的精神，增强国民身份认同感，要抓住发展机遇来找寻自我的人生价值，实现人生理想。

作为一名学子，现在我应抓住祖国给予港澳台青年在内地读书的优惠政策，努力用知识武装自己，并抓住时代发展的新机遇，找寻个人的人生价值，实现人生理想。并且我希望将我个人的发展融入祖国的发展大局之中，共同守护香港的安宁，守护祖国的统一。毛泽东曾经说过："世界是你们的，也是我们的，但是归根结底是你们的。"我们青年一代要勇立时代潮头，只争朝夕，在伟大实践中放飞青春梦想。这个时代属于我们，我们也必将创造一个辉煌的时代。

执着于理想，纯粹于当下

经济学院　经济系　2019级本科　香港　陈斯贤

2049年的自己：

你好！见字如面。

尘封的记忆是否随着这封信的打开而不断涌现呢？我猜你定是又惊又喜。请容许我正式介绍一下自己，我是来自2020年的你。现在的你是否能回忆起多年前写下这封信的情景与心境呢？带着好奇与心中的疑问，我写下了这封信，既想你为我解答心中疑问，也想谈谈自己。

此刻，我21岁，正处于人生最美好的大学时光。我是心怀感恩的，身处这个伟大的时代，我的未来还有太多的可能性，青春是我一次次失败之后仍会选择重新起航的勇气与资本。但我亦是迷茫的，村上春树《挪威的森林》中有一段话让人印象深刻，他说："正值青春年华的我们，总会一次次不自觉望向远方，对远方的道路充满憧憬，尽管忽隐忽现，充满迷茫。有时候身边就像被浓雾紧紧包围，那种迷茫和无助只有自己能懂。尽管有点孤独，尽管带着迷茫和无奈，但我依然勇敢地面对，因为这就是我的青春，不是别人的，只属于我的。"呼啸而过的青春，我又怎么能舍得让它沉沦？

所以我想，习近平总书记所说的"不负青春、不负韶华、不负时代"已是最好的指示。而执着于理想，纯粹于当下，才是对未来最大的尊重。我此刻的人生阶段，正是不断积累知识、提升自己的阶段。纵使心中有理想与抱负，也告诉自己必须先学好专业知识，打牢知识功底，为前进积蓄能量，为未来锻造本领。我是幸运的，身处全国最美的大学，遇到了许许多多已经非常优秀仍在继续努力的同学，他们勤劳好学、永不言败的精神激励着我不断前行。当青春轧过年轮，我希望自己拥有勇气，活一次淋漓尽致。这便是不负青春、不负韶华。

　　每一个时代有每一个时代的主题与使命。这个时代的我们，见证并且参与"两个一百年"奋斗目标的实现。这也是我选择将这封信写给你的原因，今年的你正好完完全全地见证了第二个百年奋斗目标的实现。我想，你心中定是骄傲的。努力实现中华民族伟大的复兴梦，是所处这个时代的青年应当承担的责任。而身为香港青年的我，更应当为祖国建设添砖加瓦，为民族复兴铺路架桥，身上所承担的责任也应当更重。对于未来，我希望自己投身于粤港澳大湾区建设。那里不仅有滋养我生长的土地，更有广阔的施展才华的舞台。它与我一样年轻，与我一样有无限的可能，我想和它一同努力，一同成长。是的，我希望自己既是追梦人，又是圆梦人。与这个时代的青年同奋斗，与祖国同命运。这便不负时代。

　　我希望自己做一个聪明人，读尽天下书，阅尽天下事；亦希望自己做一个不聪明的人，执着地重复真正热爱的事，日复日，年复年。我深知若是辜负了自己，是无法原谅的。坚定自己的追求，尽自己最大的努力实现。不负青春，不负韵华，以梦为马，以诗作伴。

　　不知，多年以后的你回头看看这段时光，内心是否欣慰？心中的理想是否已经实现？我希望答案是肯定的，更希望你依然心中有梦，执着于理想，纯粹于当下。

　　祝国家昌盛！

×××

2020年12月23日

不负青春　不负韶华　不负时代

管理学院　会计专业　2018级硕士　台湾　李杜峰

引　言

有人说青春是船，理想是帆，听完好似让人对未来都充满了期待，也有人说青春就是一种心态，若能让心情飞扬起来，保持赤子心，青春自然永驻。但是对我来说，我觉得青春就是我的学生时代。

青春需要一个冲动

小学到高中时代，我都就读于台湾，大学很幸运考上了厦门大学，但是选择前往厦门大学就读意味着面对一个陌生的环境，这是一个挑战。在途中我曾一度打退堂鼓，是厦门大学的老师及辅导员用他们的亲切和热情，让我有留下来的冲动。还记得很深，当时一位老师对我说："现在放弃很简单，但是你看看周围的同侪，他们能坚持下来，你为什么不行呢？"当时就是这样一句简单却直冲我脑门的话，让还在犹豫放弃却心有不甘的我决定坚持初心。

在厦门大学的求学过程中，经历了那些我想这辈子都很难忘怀的人与事：有担任班级委员组织班级活动成功后的成就感；有参与网中网比赛、论文辩论比赛过程中与队员长时间交流的那些熬夜的时光；有参加学生组织在忙得焦头烂额的学生工作里与同侪共同为了一些琐碎却又重要的任务，度过苦笑却又乐于奉献的日子。但是如果让我选一个印象最深刻的事情，我想我会选择参加学院棒球队和队友以及前辈们在球场共同挥洒汗水的那些片刻。

锦绣韶华付与谁？

铛！一颗白点在接触球棒后迅速朝天空飞去，抬起头，烈日当空下我不禁微微眯了眯眼，球似乎朝着我这个方向飞来……

缺少棒球经验的我紧拽着手套有点不知所措，心底想着到底该往前走几步还是应该马上后退去寻找最佳的接球位置，心中闪过数个念头，脚步却实在笨重得不能跟上天空中飞速坠落的白球。果然，嗒的一声，球掉落在不远处的草皮上……

在一位台湾学长的热情邀请下我参加了学院的棒球队，不比在电视上看球员打比赛时的那种游刃有余，实际去接球、传球都会让人产生不小的落差感，突然之间便会让人发觉自己的肢体似乎不是很协调，在我对着这个事实苦笑之余，心底却又燃起了一种想要进步的冲动。

学院棒球队的练习时间通常是中午用餐完毕后，在学校的"上弦场"集合活动。那是一个椭圆形的大运动场，一眼望去感觉能容纳万人不止，核心地带的操场与看台都呈弧形，恰似上弦月。因为曾经作为电视剧拍摄

厦门大学上弦场

地而出名，除了学生在其中做各种运动，在上弦场中总是不会缺乏慕名而来的游客。这里风景秀丽，地势颇高，给人一种仿佛与天的距离都近了许多的错觉，是我在厦门大学中最喜欢的地方。

不过，练习时间恰逢中午时分，那时多是烈日当头。在挥洒的汗水不知凡几的同时，与小伙伴们也在慢慢摸索棒球接传球等技术的过程里缓慢进步。当然，一个礼拜过后发现自己终于不再是棒球新手，相比第一次的慌乱已经有显著的熟练与进步后，还是很惊讶地发现肌肤产生了黑黄分明的色差，我也第一次体会到防晒是有多么重要……

时代传序，是希望，是责任

棒球队的比赛成绩最后是全校第四名，虽然对于我们队伍没有打进决赛我感到有点小失落，但是在过程中收获的欢乐和技术都是宝贵的记忆。在棒球队的圈子里流传着这么一句话，"比赛第二，友谊第一。"从前作为旁观者，我只会觉得这是一个口号，只是大家的空谈而已，但是当自己真正参与进去后才会感受到这句话的分量，尤其体现在比赛结束后两支队伍列队完毕，双方队员彼此握手道谢，让我感受到的那份真挚。

在厦门大学棒球队的这次经历，不仅让我体会到了"比赛第二，友谊第一"的运动精神，而且让我真切地感受到"团队"的那种一荣俱荣、一损俱损的氛围。在球队中每一个球员、球员的每一个决定都可能是左右团队胜负的关键。一次强力的长打、一次漂亮的守备，可以振奋团队士气，而一个小小的失误或是没有跟上进攻节奏，都会影响球队后续的整体表现。

我想团队运动都存在这种特点：不论自己还是队友的表现都可能存在起伏。常常听到因为队友表现不好而大发脾气或是抱怨连连的事件，结果导致球队不仅没能赢下比赛，还使得整体的气氛低迷甚至彼此关系出现破裂等负面效应。这让我不禁警觉，小小的球队不正是所有"团队"或是"整体"的一个缩影吗？从家庭到国家应当都是如此。在外的行为不仅代表个人，还体现了小至家庭大到国家对个人的培养与期许，一切的行为都会影响自己所处的团队，若是真心喜爱这个团队，又怎能不自重自爱呢？

　　时代变迁不断，而不变的是每个时代都有自己的使命或是职责。打击者挥棒打击，守备员奋力防守，仿若一个时代传承于下一个时代般。身处于这个时代的我们在不辜负自己青春韶华的同时，也定要记住自己身上的责任与背后的团队。

　　铛！白点再次飞快腾空，抬眼望去，阳光依旧，我想是时候迅速动身做好接球的准备了，在奔跑的过程里，恍惚之间我仿若看到的是希望……

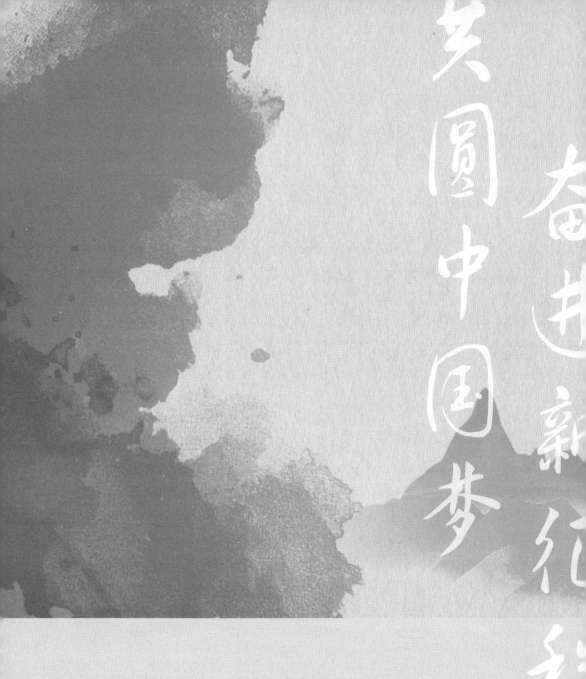

共圆中国梦

奋进新征程

回首百年奋斗路
迈向复兴新征程

老父微史*

人文学院 哲学系 2020级硕士 台湾 艾元

此文献给所有怀念故乡的台湾老兵。愿两岸早日统一，天下团圆，美满幸福。

——题记

1

15年，父亲去世已经有15年了。

他去世之后，很长一段时间，我试图描摹他的人生，却终于无力地发现：

关于自己的父亲，我曾经与他日夜相处，实际却一无所知。

父亲，就像一块沉默生长的石头，既习惯于给我们支持、力量和依靠，又习惯于悄无声息地静默在自己的岁月里，终于沉寂，不再留下任何足迹。

于是，我开始努力地追寻、翻找，试图在苍茫的宇宙里，看见他的一点点的轨迹。

2

100年前，父亲生长在福建一个小山村。

如果还活着，父亲也是百岁老人了，够资格笑眯眯地听着人们称赞他

---

* 本文获评教育部2021年港澳台学生主题征文活动一等奖。

为人瑞。

年幼的他，估计和所有的山村男孩一样，逗狗抓鸟，上山爬树，下地捣乱，一边挨着父母的臭骂，一边在青山绿水中肆意无忧地成长。

世界的动乱理应和群山环绕间的山村无关，理应和被父母庇护的他无关。

但少年终于长成，也终于走出大山，开始看到他所向往的大世界。

3

八十多年前，他面对着怎样的世界呢？

灰蒙一片的天地、倔强攀附在头顶、粗陋单薄的衣裳、迷茫前视的呆滞目光、瘫在人间困顿成一片的人群，牲畜的腥臭夹杂着干燥的尘土气息似乎要冲出照片外……

我翻找着历史，看到无数这样的老照片。这是100年前中国常见的社会群像。

而父亲是不同的，照片里的他，像是灰蒙蒙人群里的一束光。

他穿着笔挺的中山装，胸口插着钢笔，轻松地站立，清澈的目光像是三月春光的自然明媚，灿烂着他年轻的脸庞。

这样美好的青春，本该在乱世中享受一隅安静的少年，却莫名其妙进了军营，成了一个兵，无声无息地煎熬成后来我们常说的国民党老兵。

而这个国民党老兵，可能连战场都没上过，就被带到了台湾。

从此与家人，生离死别。

4

50年的空白。

如果翻找亲人们对父亲的记忆，中间一定有将近50年是空白的。

一个活生生的人，忽然就消失在彼此的视线里，连偶尔能浮起的记忆都越来越少，直至岁月积淀出无法觉察的关于一个亲人的空白，直至这些空白中只印着清泪与叹息。

阻隔的台海两岸，在一个少年的人生里，在一个个挂念他的亲人的人生里，堆积出了无数50年的空白、50年的思念煎熬、50年的悲伤期盼、50年的无从追索。

50年。

5

可一个人的人生，怎么可能是空白的呢？

陪伴在父亲身边的每一天，我都试图从他的嘴里，再挖出一些过去的线索，关于他的爱恨情仇。在一个现代青年的胡思乱想里，家国离乱的大时代中，父亲必然可以成为电视剧中的主人公。

可是没有。

什么都没有。

父亲的嘴像缝上了隐形的线，常见的只是欲说还休，终归无言。

我不死心。

这颗不死之心成了一粒种子，在悄悄地发芽。在父亲故去后，忽然气势汹汹地破土而出，沿着父亲走过的路，在台湾蜿蜒生长，试图勾勒50年的空白。

6

10年前，金门。

我在乡公所，在密密麻麻的竖排字里，第一次如此清晰地看到父亲的人生。

一个台湾老兵贫乏被动而又丰富坚忍的一生。

70年前，台北龙山寺，曾是台湾有名的眷村所在地之一。

一群又一群老兵，被安排在这里驻扎，留下一些因部队命名的道路，其中一条路上，就有着父亲50年前在台湾的第一个家。我依着地址在地图上找寻，却只看到今天的龙山寺—西门町片区的一片繁华。曾庇护父亲的第一个家，早在40多年前，随着龙山寺的开发就消失了。

60年前，新店乌来瀑布景区，至今仍是台北人常去的周末游胜地。

当局为退伍老兵们安排工作，父亲就常年在这里任职，带着家属安家于群山之间。父亲的第二个家，有了孩子们的喧闹声。日暮时分，父亲归家，必有小娃娃扯着童嗓奶气冲天地叫着"爸爸"，扑上前去，惹父亲疲惫脸上的一点微笑。

记忆遥远泛着岁月的黄，身边的山景却炫耀着颜色，在枝叶摇曳间泄露过往的痕迹。当年的小学路上的高墙依然耸立，原来却并不高。校门紧闭，不见孩童踪影，只一条水泥路孤单地延伸向山间的绿色，坚定地通向我回家的路。这条路，我曾走了无数遍，童言童语铺满整条路，再点缀着父亲间或的低语、咳嗽或斥责。

而今，我没有勇气只身再走下去。

山路杳渺，只剩寂静。

50年前，台南。父亲拖家带口，回到了母亲的故乡，这里有了他第三个家。年纪大的亲人都见过父亲，他们跟我说：你父亲人很好啊。

终于在别人嘴里，听到更多关于父亲的细节，我却不知如何回应，好像父亲忽然从一块石头变成了一个人，也有着各种乡邻间的鸡毛蒜皮，柴米油盐。所有关于父亲过去的想象，全被熏上一层厚重的烟火气。父亲不再是高挂在墙上的清俊面孔，他亲切地站立在我身边，传递着生活的温度。

父亲还活着，活在很多人的记忆和讲述中。

听着亲人的絮叨，我终于有点甘心。

但仅有这些是不够的。

我不知台湾"戒严"的时候，父亲如何惶恐；不知外乡人人人自危的时候，父亲如何安身自保；不知"台独"势力渐成，两岸紧张对立的时候，父亲如何坐卧难安；不知身边同袍化为无处归乡的灰烬时，父亲如何堕入绝望；我不知从一个懵懂无知的少年到保护家业的成人，父亲如何在离乱的岁月里度过所有的艰难困苦和深深思念。

所有时光中的细节都随着父亲的沉默烟消云散，让后人还能稍窥端倪的，是老实巴交的父亲，忽然做出了惊天之举。

20世纪80年代，两岸尚未开放，鸿雁不越，书信难传。

子女环绕的父亲，悄无声息地安排好一切，把多年积累的思念和绝望，毅然决然地变成了艰险的归乡之旅。

7

30年前，父亲终于归乡了。

一踏上故土，沉默如他，乍见来迎他的亲人，忽然爆哭。

爆哭。

再爆哭。

从一个人的爆哭，变成了一群人的抱头痛哭，变成了所有在场人的默默含泪，也变成了今日我在屏幕前难以自抑地啜泣。

怎样的悲伤，才能让石头也化成了水呢？

怎样的情感，才能让一块漂泊50年的石头落地生根？

父亲没了，母亲没了，还有很多很多人都没了。

但幸好兄弟姐妹还在，发小好友还在，哪怕接下来的不多的时间里，这些人就会一个个离去，哪怕只是这样一面，终于见面了啊。

青山无绿水，何处寄相思？

无论如何，父亲有了他第四个家。

他在福建老家安稳着，舒展着眉头，无事便依在栏杆上，笑对着家对面的群山，笑对着巷弄里玩耍的孩童。

直至生命化为家乡的一抔黄土，与他的父母兄弟相偎依。

8

10个月前，我从台湾来到厦门。

父亲是来过厦门的。大陆翻天覆地的建设，即使是十年前的痕迹也难翻找。尽管仍试图去体会父亲曾经的情感，我却已不再执着于翻找历史的真实痕迹。

父亲留给我他的姓，我的身上流着父亲的血脉。

这样足矣吧。我想着，厦门却送给我一个关于父亲的终极答案。

夜色弥漫，我在厦门环岛路观景台漫步，看着无边无际的黑暗中吞吐着层层海浪，忽然一阵眩晕害怕，忽然想起了海那边的金门，忽然想起了那些从金门游到厦门的台湾老兵。

那是怎样惊心动魄的冒死夜渡，明知有暗夜深海潜藏的重重危险，明知前路未卜生死难言，也要归乡，必要归乡。

忽然深刻明白了父亲这50多年的日子。

故土亲情，魂牵梦萦。

蜕变、信仰、传承：我的通讯员阿嬷*

经济学院 经济学 2021级本科 澳门 黄林

本文作者与嬷嬷合影

蜕变：从当丫鬟到闹革命

我的嬷嬷生于1937年，她们家祖祖辈辈都是农民。在她五岁那年，日军轰炸广东鹤山县，当时她的父母在田地里干活，哥哥们早已参军抗日，家中便只剩她一人。当战斗机的轰鸣声传来，村民们慌乱地逃跑，年幼的阿嬷也不知所措，跟着往外跑，尽管逃过了一劫，却从此与家人失散，后来被人贩子卖到地主家当丫鬟。满目疮痍的家中只剩下她常戴的一顶帽

---

* 本文获评教育部2021年港澳台学生主题征文活动一等奖。

子，帽子上缝着嬷嬷的小名——歪歪扭扭的"黎女"二字，她的父母都以为她被炸死了。

直到她七岁那年，她被东江纵队从地主家救了出来，与哥哥们相认后便开始跟着东江纵队参加了革命，成为一名小通讯员。一开始她只是在山上砍柴放哨，监视敌人。在日军逼近时便将山顶上的稻草人放倒，而在其对面稍矮的山上则会有另一名通讯员接收信号也将稻草人拉倒，村里人就会知道鬼子要进村了，便会速速集中粮食将其转移，并且也会派通讯员送信与部队联系。但是在她刚进部队时，干部们都不同意派她单独送信，让她先跟着其他通讯员学习，但她十分认真对待每次任务，每次都会提前熟悉地形摸路，寻找捷径，于是不久后队长便允许她独自执行任务。

在执行任务的过程中，为了更好地隐匿行踪和尽快将情报送到战友手中，阿嬷常常选择走一些陡坡。雨天的时候最为麻烦，走起来都是深一脚浅一脚，有一次她的腿被树枝刮了道很深的口子，血涌了出来，她也只是随意地从衣服上扯下一块布潦草地进行包扎，直到将信送达才处理伤口。但她并没有因为受伤留在部队休养，而是继续传讯，伤口烂了又结痂，结痂了又继续磨破，反反复复，后来也因为这个落下了病根。她还会选择走水路，用竹筒装着信，水位高时则用嘴叼着竹筒在水里游上半天，遇到日军经过则沉在水里闭气，不发出半点声音。有时也会穿梭在芦苇地间，水常常没过膝盖，在冬天她也照样奔走，一定要将信按时送到战友手中。我曾问过她："阿嬷，你不累吗？"她说："自然是累的，可是早一分钟送达，就能让战友们早一点了解到情况，这样就可能会多一分胜利的希望，也许就少死一个人。"那时她坐在轮椅上，两鬓斑白，额前饱经风霜的皱纹似乎在这一瞬间舒展开来，眼底的坚定让人难以忽视。

信仰：从普通战士到中共党员

1949年中华人民共和国成立，党组织安排她一边去军校学习知识文化，一边参加建设工作，那时新中国刚刚成立，还没有完全肃清反动分子，她便经常带领队友们拿着红缨枪在村口放哨查路条，负责与其他村的联络工作。有一次，县级长官四处走访经过时，她便将人拦了下来，询问编号。

因为是生面孔，她还认为此人可疑，应速速上报给上级，后来经过一番解释，她才放行。可是她并没有因此受到批评，反而因为这种严谨认真的工作态度受到上级的称赞。

阿嬷不仅对待工作一丝不苟，在学习上也十分刻苦。她自知自己文化素质基础比较差，每上完一堂课，她都会将课上所学的字、句、课文熟记熟背。1950年，她又主动报名参加了抗美援朝的后援工作，集中物资送往朝鲜。她曾同我说那是她最感动的时候，为了新中国，为了下一代的和平安定，人人都心往一处想劲往一处使，还未曾动员，村民们就积极地把自家的土豆、棉衣棉裤拿了出来。还有她在辽宁省负责后援工作时也是这样，当时军民修桥急需木头，家家户户都把自个挡风的门板拆出来支援志愿军。她说那时她不想收啊，因为那时候是冬天，没有门板冷风直往里吹，百姓的日子可不好过啊，可是她没有办法，前线还急需用这批木头，她越来越哽咽，我不由得眼眶也跟着泛了红。

抗美援朝胜利后，她的入党申请得到了批准，正式成为一名共产党员。由于腿脚不便，她就开始从事起文职，可这并没有磨灭掉她骨子里的血性和干劲。阿嬷没有一直坐在办公室里翻看文件，常常身背钢枪跑到田野里练习打靶，在播种时帮着百姓们踩水车灌溉，在农忙时则会挽起裤脚帮百姓们割稻，每周还会组织在广场放映黑白电影，与村里人一起回顾曾经的红色岁月。

传承：从中国红到厦大红

我的阿嬷，大半辈子都花在为党、为人民服务，一生跟着党走，扎根在基层，兢兢业业做好自己的本职工作，同时又想尽办法地去帮更多人，无私地奉献了自己的一生。我父亲曾和我说过："你阿嬷啊，不常回家吃饭，但总能在田里找到她，不是帮着哪户收粮食就是在村里转，看哪里需要她，但在周末时，总拉着我到广场上看那些革命老电影，尤其是《鸡毛信》看了几十遍，告诉我她当年也是这样送信的。"我的父亲也是从小带着我看了一遍又一遍那些黑白电影，所以自幼我便知道，我们如今可以安然无恙地踩着这片红色土地是有多么不易。所以作为他们的子孙后代，我更应继承伟业接续奋斗，为中华民族伟大复兴梦添砖加瓦，贡献自己的一分力量，更要把阿嬷对国家的热爱，对党的忠诚传承下去，怀抱着赤子之心，投身时代洪流。如果信仰有颜色，那一定是中国红。

2021年是中国共产党成立一百周年，我顺利考上了与党同龄的厦门大学，成为厦大经济学院的一名新生。百年校庆时，我正在为高考日夜奋战，从新闻中看到习近平总书记致厦门大学建校100周年的贺信时，我心潮澎湃。习近平总书记说："厦门大学是一所具有光荣传统的大学。100年来，学校秉持爱国华侨领袖陈嘉庚先生的立校志向，形成了'爱国、革命、自强、科学'的优良校风。"一直以来，我都憧憬着这所素有"南方之强"美誉的象牙塔，拿到录取通知书时，仿佛命运将一份沉甸甸的荣誉和责任交到了我的手上。我和阿嬷说，我即将要去的大学，是一所为党育人、为国育才的大学，那里有"宁可变卖大厦，也要支持厦大"的爱国华侨领袖陈嘉庚，有为革命而死觉得很光荣的革命烈士罗扬才，有改装自己的汽车为学校发电的校长萨本栋，有翻译《资本论》、倡导"以中国人的资格来研究政治经济学"的经济学家王亚南和证明出哥德巴赫猜想"1+2"，摘取数学王冠上明珠的陈景润。那里发生的故事和阿嬷的故事一样催人奋进，那里同样闪烁着信仰的鲜艳底色，一朵朵盛开在枝头的凤凰花——厦大红！

身为在厦门大学新百年起点上的学子，我秉承着从阿嬷身上传承下来的精神，立志要仰望星空，脚踏实地，不负先辈，不辱先辈们的奋斗果实，有一分光，发一分热。自强不息，止于至善，向着更好的明天出发！

百年勾勒强国梦，今朝晕染中国红 *

管理学院　会计类　2021级本科　台湾　刘逸菲

百年奋斗，弹指一挥间；百年奋斗，沧海变桑田；百年奋斗，青丝换苍颜；百年奋斗，赤子心可鉴。

有一种颜色叫中国红。传统精髓底蕴淀，积极奋进但擎红。翩翩剪纸，盛满了在台老人的满腔思念。

我的奶奶，非遗剪纸的传承人。一生的所见、所闻、所思都用一枚枚中国红剪纸承载。那年新年将至，我与父母乘"小三通"回台湾过年。回到家见奶奶拿着把生了锈的剪子和一沓红纸摆弄着什么，眼中充满难得的欣喜与活力，她沉浸在那么迷人的色彩中。随着剪子声，红粉似的纸屑落了奶奶满怀。奶奶的手在那抹红艳中舞蹈，好似以剪刀为指挥棒，演奏着一场无声的音乐剧。我静静守在奶奶安详的神态里，最初的浮躁和疑惑，恰似那多余的纸片，被一剪一剪地铰去了。留下的是一片被赋予感情的红剪纸，它被奶奶小心翼翼地摊在手心。她带着浓浓的乡音介绍着："这是道海峡，就是那座连着祖国大陆和台湾的桥！这老人便是我正在这一头儿望着呢，囡囡过年回来看我了，而我也回不成了啊……"年夜围炉，奶奶和长辈们张罗着年夜饭。片片耀眼的中国红填满了窗子，仿佛冲淡了奶奶的伤感。我坐在餐桌旁，举着奶奶的窗花，仔细地端详着，竟出了神。我发现窗花中老人的脸上有一枚针尖大小的洞。不知是奶奶不留神的小失误，还是奶奶的思乡泪？"开饭喽！"窗花在围炉中显得分外地红，分外地温暖……新年尾声。临走时奶奶还给我一包包得严实的包裹，紧紧握着我的手："明年一定回来啊！"登上船，伴着海面滚滚浪花的起起伏伏，奶奶剪纸时那传神的模样，饱含思乡泪的红窗花，一湾连着两岸的海峡

---

* 本文获评教育部2021年港澳台学生主题征文活动二等奖。

桥……断断续续地在我的脑海中闪烁。船即将靠港，窗外的招牌有繁体，或为简体。我猛然想起什么，从包裹中取出载着思乡泪的窗花贴在窗户上。愿这抹中国红能伴着船只在海峡桥中顺利航行，愿滴着思乡泪的奶奶早日回家，更愿这中国红在两岸间架桥，回家……

有一种颜色叫中国红。几经热烈血和火，化作浓厚爱国情。铮铮铁骨，道尽了在台老兵对家国的忠。

我的爷爷，从故乡湖南迁至台湾。直至今日爷爷的身上仍留有当年战场上的印记——3处子弹擦伤的伤疤，右耳永久性失聪，1颗子弹留存体内。每当有人关心爷爷的伤情，爷爷没有为刺眼的伤疤黯然感伤，而是自豪地讲述着抗争过程。"身上的伤时时刻刻提醒着我，我与祖国在一起，这中国红值得我用一生时间来疗愈和怀念……"让光辉的革命史迹与南国秀丽的景色交融在一起，使人们在大风海涛的淋浴之中，永远勿忘往昔血与火的洗礼。华夏五千年，无数先辈用热血镌刻出壮美蓝图。大河滚滚向前，万里江山如画，少不了无数革命先辈用鲜血铺染山的康庄大道，少不了千千万热血青年薪火相继。

有一种颜色叫中国红。一抹中国古典红，今朝且看新青年。站在国旗下庄严宣誓。旦旦誓词，唱响了新时代青年振兴中华的决心。

中国共产党久久为功不息，百年风华正茂，中华人民共和国七十余年筚路蓝缕。作为台湾地区学生，我们更应该寻找、重温、坚守、发扬这些初心、使命、精神，"在学思践悟中坚定理想信念，在奋发有为中践行初心使命"。

"信"是"行远"的源动力，更是远行的指南针：作为厦大学子，我们的"信"是博学笃志、切问近思的坚定信条；作为时代青年，我们的"信"是勇于奉献、不怕牺牲的崇高信念；作为社会主义接班人和建设者、实现中国梦的关键一代，我们的"信"是忠诚于党、赤诚为民的炽热信仰。

有了坚实的"信"，我们更要坚定地"行"：我们"行"的是一条与国家共命运、与时代共呼吸、与人民共休戚的个人发展之路，是一条寄个人于宏大时代、存壮志于博大华夏、立初心于伟大梦想的新时代长征路，是一条虽然挑战丛生、任务艰巨，但必将圆梦九州、星耀中华地走向中华民族伟大复兴的道路。

　　一百年前，开创者筚路蓝缕，星火燎原；一百年里，开拓者砥砺前行，初心不变；一百年间，建设者艰难困苦，玉汝于成；一百年后，我们作为祖国的接班人，更应该纷华不染，粗粝能甘，久久为功驰而不息。

　　我们自信满满地说：祖国母亲，在您的臂弯下，在您的怀抱里，我们深知，历史可作教科书，今天需要行动派，未来呼唤梦想家。

　　我们深情款款地说：祖国母亲，您用江河之水哺育我，用辽阔幅员拥抱我；您用恢宏文化滋养我，用深邃智慧引领我。

　　我们满怀感激地说：祖国母亲，您呵护我也教导我，您抱着我也安抚我，您要求我也激励我，您陪伴我也相信我！

此心安处是吾乡*

经济学院　金融　2019级硕士　台湾　刘天财

> "小时候，乡愁是一枚小小的邮票，我在这头，母亲在那头……而现在，乡愁是一湾浅浅的海峡，我在这头，大陆在那头。"曾几何时，我像诗人余光中一样，隔海观望，对这片神奇的土地心驰神往；如今，我同十四亿中华儿女一道，生活在这崛起腾飞的中国，自豪而安宁。
>
> ——题记

何人不起故园情，心驰神往最相思

我的父亲是土生土长的台湾人，20世纪90年代，得益于改革开放之下的机缘巧合，他作为到广州开办工厂的台商，与离开家乡南下羊城的母亲在这座南方的城市相遇，并在此迎来了他们各自人生的转折点。

1997年，我在台南出生，这是一个位于台湾西南部的城市，西临台湾海峡、东依阿里山，急水溪的清流如母亲的乳汁，滋养了这片土地。而母亲的家乡浙江衢州，也有一座被称为母亲山的三衢山。小时候，当妈妈给我讲起台湾的阿里山和福建的武夷山是由母女变化而来，隔海相望而不能相聚的传说时，眼中总是泛起闪烁的光，年幼的我只觉得有趣，却还不知道她是否也想家了。

稍稍长大以后，我才知道看似一望无际的大海原来只是一湾浅浅的海峡，而它的尽头，是一个幅员辽阔、人口众多的地方。渐渐识字了，百科

---

* 本文获评教育部2021年港澳台学生主题征文活动二等奖。

书上的图画和介绍，带我领略到中华民族五千年的灿烂文化和其间涌现的诸多历史人物，长城故宫，秦俑汉雕，可爱的熊猫、丰富的美食，这些无一不深深地激发了我的好奇心。

晓事后，随着对历史的学习，我才真正开始明白这片土地的神奇之处。1895年《马关条约》签订，台湾被割让给了日本侵略者，五十年的殖民统治给台湾的历史留下了不堪回首的一页。"四万万人齐下泪，天涯何处是神州。"每读至此，愤然不已，但这也不过是中华民族近百年屈辱历史的一个缩影。

1840年以后，近代中国在战败、割地、赔款的泥淖中越陷越深，一步步沦为半殖民地半封建社会。我们的民族绝未就此沉沦，而是勇于在绝境中求生存。地主阶级抵抗派、洋务派、维新派、资产阶级革命派、激进派先后登上历史舞台，但农业文明面对工业文明时的不堪一击，先辈们用血泪为我们书写了"落后就要挨打"这一不变的铁律。1921年，伴随着中国共产党的成立，无产阶级开始走向中国革命的中心。"千淘万漉虽辛苦，吹尽狂沙始到金。"历经28年的浴血奋战，这个年轻的政党带领世界上人口最多的国家实现了民族的解放、国家的独立和人民的自由。

我们的民族更勇于在困难中谋发展。中华人民共和国成立之后，在中国共产党的带领下，这个国家走上了社会主义的道路。"一桥飞架南北，天堑变通途。"选择了正确的道路，古老而辽阔的中华大地自此发生了翻天覆地的变化。"两弹一星"、杂交水稻、超级计算机……这些都在向所有轻视我们的人诘问："外国人能干的，中国人为什么不能干？"中国人终于在世界面前挺直腰杆了！

对岸的大陆到底是一片怎样的土地，孕育出这样英雄的人民？创造出这样非凡的业绩？自此，这种莫名的乡愁在我的心底扎根，更加期盼着什么时候能到妈妈的家乡看一看。

今朝一跃梦成真，无限眷恋归家乡

2004年的寒假，我终于迎来了和大陆的第一次邂逅，更令我感到兴奋的是，我要去的正是母亲的老家——浙江衢州开化金村。而这一连串地名的背后，是一段难忘的旅程，为了去开化县城，我们凌晨4:00就从台南出发赶到高雄，搭乘飞往香港的早班机，再从香港转机到杭州。在杭州机场，我们与前来接机的舅舅汇合，一起坐出租车在蜿蜒的山路上穿过大半个浙江北部，才终于在深夜2:00到达开化四姨家。

四姨家是位于县城边缘小村庄的两层半小楼，是母亲娘家亲戚中生活条件偏好的。然而当时她屋里地面抹的是水泥，楼梯没有扶手，家里没有热水器也没有浴室，最值钱的家电还是一台过时的小彩电。对门的老屋墙壁拿石头掺黄泥垒起来，作为全家人共用的旱厕。村子里没有正经的道路，狭窄的黄泥路上垫着大小相近的鹅卵石，往县城方向延伸数百米后，突兀地变成水泥路。县城里总体还算整洁，但空旷的马路上汽车稀少，绝大多数都是人力三轮车。至于路旁的店铺，餐馆里烧的是蜂窝煤，杂货店里灯光昏暗，商品像是蒙了一层灰。当时的一切，比台南差远了。

2008年，由于父亲工作变动，我们举家来到莆田定居，这里是与齐白石并称"北齐南李"的国画大家李耕的家乡，而福建如画般美丽的青山葱林、蓝天碧水也让我想起了童年记忆中的阿里山。

来福建以后，要去浙江就容易多了，2012年中考结束后，我的第二次衢州之行悄然到来。不一样的是，这一次我们是从福州直接搭乘火车前往衢州。刚到四姨家，我还以为她们搬到城里住了，后来才知道，原来是随着开化县城的扩张，四姨家已经"来到"县城中心区附近，原来的小楼翻新为三层半的独栋别墅，各种生活设施也和我们家不相上下了。县城里到处铺的是柏油路，人力三轮车早已不见踪影，路上汽车也多了起来，各类店铺在马路两边鳞次栉比。虽然有些地方依然能够看到当年那个老县城的影子，但整体上俨然是一座繁华的小城了。

这次再回到我的老家，台南市柳营区，心里就多少有点不平衡了——因为它和紧邻的新营市一样，这十几年里几乎没有发生太大变化。由于缺乏更新基础设施的动力，这座老城"一如当年"，时光的雕琢在城市的脸上留下了斑驳的痕迹，曾经的繁华在现代化的步伐面前也有点英雄迟暮。

说来也巧，第三次回到衢州又是时隔八年的2020年，这年8月，我在上海结束14天的隔离之后，于返回厦门上学之前乘坐动车再次来到久违的开化。但久别重逢的我，甚至站在高楼上眺望，已经完全认不出这座曾经的小城。开化真的是"开化"了！曾经横亘在城区中央的若干座小山不知被哪位"愚公"搬走了。写字楼、大型商场、各式建筑拔地而起，星罗棋布于这"扩容"的山间平原。宽阔的马路竟然也有了上下班高峰期堵车的"烦恼"，夜幕之下的县城灯光闪烁，璀璨耀光，恍惚间，我感觉自己仿佛身处厦门。

开化朴岭党群服务中心

开化新农村面貌

开化市景

试问岭南应不好？此心安处是吾乡

"元丰六年，苏轼设宴为北归的好友王巩接风，因忧心其在岭南受苦，席间便问及广南风土。"定居莆田以后，台湾的亲友、儿时的伙伴也和北宋的东坡居士一样，十分关心我在大陆生活的情况。

回望这过去的十几年，我绝大部分时间生活在大陆，亲眼见证了祖国的快速发展和惊人成就。2003年，准备第一次去大陆的我，知道太空刚刚留下了中国人的身影；2008年我来到福建，那一年，我们众志成城，战胜了汶川大地震，实现了百年奥运扬我国威的梦想；2012年当我第二次回到母亲的故乡时，我们国家拥有了自己的第一艘航母；2020年，在全球新冠病毒肺炎疫情肆虐的情况下，中国率先取得了疫情防控的阶段性胜利，我也得以顺利返校上学。

如今的中国，已经是世界第二大经济体，工业体系齐全完备，科技创新层出不穷，社会发展日新月异。这是每一个中国人的自豪，也在我的心中激起了澎湃的浪花。2021年6月，作为青年志愿者，我参加了厦门湖里

参访乌兰塔拉纪念馆

区汇元台青基地的开幕式和厦门市银行业保险业台胞台企服务站的揭牌仪式，也在台胞青年千人夏令营和厦门银行台湾实习生暑期计划中收获了锻炼和成长。

　　在这些活动中，我能够深切感受到祖国大陆对于台胞的照顾与支持，感受到祖国为增进台湾青年对大陆了解、加强两岸间联系所做出的努力。

厦门银行台湾实习生计划开学仪式

参加厦门银行台湾实习生计划结业仪式

　　祖国坚持在扩大对外开放中抓住机遇，台湾地区却逐渐背离开放合作的时代潮流，地区发展也慢慢落后于祖国大陆，且经济差距还在不断拉大。

　　岁月如流，时节不居，诗人余光中最终还是没能化解"从这头到那头"的乡愁，但海峡两岸都迎来了他们年轻的一代。如果台湾地区的每一位青年，都能够主动了解祖国大陆的发展成就和广阔前景，那么这将帮助台湾的新生代，把目光放到祖国大陆、放到全世界。像我们这样生活在大陆的台湾青年，或许就可以在这个过程中，起到架桥铺路的作用，而我也愿意为这座两岸间桥梁的建设添砖加瓦。

　　我的童年在台南度过，那里有我割舍不下的羁绊。而在福建生活、学习十几年，这片土地日新月异的变化伴随着我成长，早已成为我的第二故乡。

　　我是幸运的，找到了自己的故乡，也寻到了自己的根。这一路走来，感受着每座城市快速发展的节奏律动，聆听到人们奔向美好生活的欢声笑语，我沐浴在新时代的阳光下，是沁人心脾的温暖，是从未有过的平和，只盼人人归故园，此心安处是吾乡。

百年奋斗　十秩征程　一世辉煌*

化学化工学院　生物工程　2020级本科　香港　黄润萍

奔小康，富安邦，扶贫攻坚全摘帽。
高低平地心相牵，中华儿女谱新篇；
红色血脉得赓续，七一授勋许荣誉。
现代考古一百载，继往开来绽风彩；
厦大期颐得一函，细习慢品心波澜。

时时变，日日新，生化科学领军跑。
二氧化碳固淀粉，中国科研技术稳；
合成效率节节高，《科学》刊中频频现。
神箭神舟齐亮眼，天和核心居天边。
辛勤汗水为航天，"太空之吻"心头甜。
五谷丰登报袁老，黄金稻谷粒粒饱；
湖南衡南双季稻，三千斤亩压弯腰。
粮食薪水样样足，闲暇出行不含糊；
听闻何事新出炉，中国中车磁悬浮。
六百时速贴地飞，地表最快君莫属；
独特结构靠技术，惊艳世界皆羡慕。

拼意志，展实力，世界舞台显气派。
国际军事大比拼，群英荟萃高水平；
震耳欲聋最强音，当数中国子弟兵。
奥运健儿渡重洋，神清气爽斗志扬；

---

*　本文获评教育部2021年港澳台学生主题征文活动二等奖。

雄姿勃发士气足，摘得奖牌兜儿鼓。

倡低碳，护环境，保卫生态"金饭碗"。
"绿化将军"张连印，生命为线织绿荫；
荒山野岭风吹打，一锹一土造密林。
绿水青山育人民，爱家爱国植入心；
莺歌燕舞云飞翔，净水蓝天新风尚。
中华遍地是瑰宝，美丽家园携手造。

家家好，户户赞，幸福社会创新局。
开放三孩家美满，社会均衡稳发展；
农村厕改无小事，贯彻落实齐整治。
扫黑除恶见效好，恶虎苍蝇无处跑。
清朗风纪不可少，违法违纪进大牢。
廉洁奉公君之道，信念坚定实可靠；
忠诚担当素质高，人民群众需依靠。
上下齐心为抗疫，把控病源严管理；
查漏补缺新例宣，不法之徒勿喊冤；
"一国两制"稳致远，国安护国心愿圆。
治港当由爱国者，主权明确不可割；
为家平安出良策，安居乐业人人得。
初心使命务牢记，砥砺前行不能停。
上合组织二十岁，牢抓合作新机会；
对外开放走出去，求同存异和为贵。
金砖十三齐联手，恪守原则正步走；
互利共赢求奋斗，同舟共济不忘根。
互学互鉴及人文，科学溯源担责任；
外交主动助发展，强势霸凌不沾染。
洁身自好多相助，宽宏大量知荣辱；
棉花软来骨气硬，黑白颠倒君可停？
晚舟晚归灯火明，正气凛然直道行。

小人物观大中国 *

人文学院　哲学系　2018级本科　台湾　林至恒

如果将中国的成功与成就比作一场戏剧，那会是一场完美的史诗巨作，而我们每一个人都扮演着重要角色。习近平总书记在纪念辛亥革命110周年大会中提到，"经过近代以来的长期艰苦奋斗，中国人民创造了令世界刮目相看的伟大成就，迎来了民族复兴的光明前景"。这场胜利不管是谁，只要目睹都将感同身受、无比激动。

有些时候，我会去思索那股真挚的感动从何而来，在那个当下，专属于中国人的记忆与故事顿时如同幻灯片般涌出脑海，原来最终熬过来的胜利之所以有共鸣，是磨难与曲折的剧本堆叠；比起胜利的滋味虽然不值一提，却是无比真实的历程。那是心酸的、血泪的、挫败的，亦是勇敢的、奋斗的、不屈的，当这些信念具象化映入世界的眼帘，下一刻，我们将被引领走入那段精彩的故事。

回首百年奋斗路

1840年的鸦片战争暴露列强并吞中国的野心，在往后的一百年间，外国势力毫不避讳地展露出其丑恶的嘴脸，中国的土地与人民都被当作商品交易，那是一段悲惨的历史。而中国人在精神与肉体都被蹂躏的双重打击下，失去了好多原本属于自己的东西，包括千年传统文化被否定以及意志的消磨。我们甚至不小心忘记自己是谁，忘记自己有多大的能耐，更忘记自己有创造伟大的可能性，只能在心中默默地祈求光明的到来。那时候的我们没有想过今天中国的成就，更不敢想象现今的中国已经成为世界强

---

　*　本文获评教育部2021年港澳台学生主题征文活动二等奖。

国，靠的正是中国人民一步一个脚印的耕耘。

而台湾的境遇也是悲惨的，感触最深的就是1895年4月17日中国清政府与日本签订的《马关条约》。中国主权与领土的完整受到严重破坏，而台湾也是在当时被写入了割地条款中。当此条约被迫签订，日本随即派军开展接收工作，但当时的台湾人民反对割让，奋起抵抗日军的侵略占据，从南北各地集结一支支小型军队，虽然装备简陋、素质参差，但决心不减。他们展现出一种不认命的精神，即使知道最终可能会因为悬殊的各项差距，导致伤亡惨重失败收场，仍要拼搏到最后一兵一卒。那是一种精神也是一句句无声的呐喊，仿佛是告诫外来的侵略者：中国人民不好欺负！如果要打就奉陪到底，千万不要以为不用为此付出代价！

看到一篇篇关于列强的侵略历史文章，对于当时的中国受到外强欺负打压，还必须认命地为输掉的战争赔款，虽然无奈也无力，只能任凭帝国主义肆意践踏中国人的尊严。然而在不断失去的过程中，或许以卵击石在外人看来是那么可笑，但那种虽然知道会输却战到最后的精神，令我感到无比动容。在这段灰暗的历史中隐隐闪耀着光芒，那是人民顽强抵抗的意志，从来不曾因为列强的胁迫而屈服，我想，这就是中国人独有的韧性，也是最终能取得胜利的精神武器。

身处当代之见闻

台湾地区许多人受到民进党"去中国化"的影响，对祖国大陆常常带有因认识不足而产生的偏见，而在我就读的私立中学中，他们是以教导中国传统文化为核心理念，所以我对古文、礼教等文化有了认识，并进一步有了深入的理解。我发现那是中国思想非常珍贵的财富，却成为民进党政治操作的牺牲品，为此我感到十分懊恼与遗憾。于是高中毕业后我毅然决然申请了大陆的学校，一方面要逃离视野受到遮蔽的境况，拓展自己的世界观，另一方面，则是希望在大陆真实地生活，并期许自己能够作为新时代的青年，为两岸的和平统一贡献心力。衷心地希望台湾人民能够静下来好好交流，别再因为偏颇的见解而白白葬送台湾的大好前途，民进党妄图单方面决定台湾的未来，这是非常不公平的！听到国台办说："台湾是祖国的宝岛，是包括2300万台湾同胞在内的全体中国人民的台湾，台湾的前途由全体中国人民共同决定。"唯有遵循中华民族伟大复兴的道路，才能为两岸都带来最大的利益。

在大陆的生活是朴实的，但也是光鲜亮丽的。行走在厦门的街道上，就能品尝到台湾的小吃，也能听到熟悉的闽南话。此外，我也趁着在大学寒暑假期间拓展眼界，到北京天安门、故宫游历。富丽堂皇的宫殿，是中国古代历史的见证。很荣幸在21世纪的今天还能目睹千百年前的瑰宝，仰赖于修缮工作的重视与严谨落实，我想，这或许是对于先人的敬仰，也是对于中华民族文化延续的重视。从这个层面上来理解中国的先进伟大，就不只是经济实力、硬体建设方面的领先，也兼顾内部文化底蕴的培养，任何一个国家或是民族要达到如此双向的成就，综观世界四大文明古国的演进发展，中华民族是唯一流传至今的，我真的为此感到特别骄傲！

迈向复兴新征程

虽然在2020年经历了新冠病毒肺炎疫情，一时之间全球陷入恐惧而慌乱，但我国在政府积极有效的带领之下，有条有序地规划国家下一步行动，医护人员冒着风险赶往第一线，为患者治疗、为风险族群一再地做筛检，而人民自觉地配合遵守防疫规定，因此马上迎来了第一道曙光。这不仅证明中国的体制是伟大的，瞬间消灭以往对中国的流言蜚语，也再次证明了中国人的坚不可摧，在困难的时刻中国人民团结起来，那股力量是不可阻挡的。当国外还在抹黑中国，其人民奉行所谓的"民主自由"吵着不戴口罩，甚至集体上街游行时，中国人民已经在抗"疫"的道路上，为世界作出极大的贡献，足以成为各国的榜样，身在台湾的我也产生了一股浓浓的民族自豪感，中华民族的坚忍不拔，政府领导有方，在富强与复兴的道路上，必定能走得更快也能走得更远！

中华民族的复兴之路，已然获得阶段性的成功。对内，纵向对比华夏发展的历史长河，新中国正以一种不可思议的速度上升到一个全新境界，既保留传统文化精髓，同时也摒弃对过去自身的不满意；对外，则体现在中国的综合国力令世界瞩目，也从未在奋斗道路上停歇，担当起大国的责任，才是中国必须做的事，也是目前正在做的事。包含"一带一路"倡议取得成就，中国与"一带一路"沿线国家建立紧密的联系，此联结在当今各国争相追逐利益的形势下，更显得伟大、无私，绝无仅有。周边相对贫困国家在中国的帮助下，人民的生活获得改善、国家的经济得到发展。当前，人类仍在与新冠肺炎疫情作斗争，中国同世界各国携手抗"疫"，以实际行动为全球公共卫生事业担责尽责，彰显了讲信义、重情义、扬正义、守道义的大国担当。

计梅真的时间：共同理想的覆灭与重建

人文学院　历史系　2020级硕士　台湾　林芸

> 祖国，我的祖国！
>
> 今天
>
> 在你新生的这神圣的时间
>
> 全地球都在向你敬礼！
>
> 全宇宙都在向你祝贺！
>
> ——胡风

胡风在参加1949年10月1日开国大典后的一个月左右，写下了这部长篇巨作——《时间开始了》作为大型交响乐的第一乐章，将它称之为开国史诗也不为过。以上只是撷取部分内容，标点符号为笔者所加。[①] 这首长诗，全篇充满诗人对于这个历经磨难后破茧而出之新生国家的热烈情绪。他以但丁的口吻改写历史的剧本，呐喊着："一切愿意新生的／到这里来罢／最美好最纯洁的希望／在等待着你！"[②] 这是祖国对诗人的召唤也是胡风自我追寻的写照，讲述1948年年底他从国统区下的上海，绕道香港转入东北解放区，空间的移转俨然使时间流动了起来！然而，诗人所描绘的时间并未奔流至所有现实空间，诗人隐喻的另一面无疑指摘国统区下的时间凝固了，即便时间不凝固，至少它是无法"前进"了。那么如何理解第二次世界大战后，占人类总数四分之一中国人之命运剧变以及因为国民党迁台而被冻结了时间的台湾？来自历史的叩问，迫使着我们必须从时空

---

① 原版本："祖国呵／我的祖国／今天／在你新生的这神圣的时间／全地球都在向你敬礼／全宇宙都在向你祝贺"，参见胡风：《时间开始了》，《胡风全集》第1卷，湖北人民出版社，1999年，第107页。

② 胡风：《时间开始了》，《胡风全集》第1卷，湖北人民出版社，1999年，第106页。

的扭曲中来，从时空的扭曲中去，在时空的夹缝中踽踽独行。

　　1921年夏天，在浙江嘉兴南湖的一艘小船上中国共产党宣告成立！同年，一个不起眼的贫苦女孩许金玉在台湾出生。行文至此，读者不禁要问，中国共产党成立与许金玉有何关系呢？殊不知，嘉兴南湖小船上鲜为人知的聚会却要影响许金玉的一生。许金玉的父亲是拉黄包车的苦力，家境困窘到不得不将她送给别人家当养女，第二次世界大战结束以前，许金玉考进台北邮局担任保险科文书组人员①，就在这里她遇见了改变其一生的人物——中国共产党地下党员计梅真。计梅真1915年生于江苏（今上海市松江区），1937年在沪西的日商纱厂当女工，后加入上海纱厂工人救亡协会，1938年在上海入党②。1946年9月计梅真与另一位地下党员钱静芝赴台，任台湾邮务工会国语补习班教员。1945年台湾光复后，国民政府来台接收各项产业与事业单位，但要在战后百废待兴的废墟中重整局面并不容易，宪政问题、民生凋敝与经济复原等方面皆问题丛生。台湾历经日本五十年的殖民统治，国民政府短时间内无法有效进行秩序重建，于是在国营产业领域里复制、沿用了日本殖民统治时期的等级阶序，造成"省籍同工不同酬"的现象（薪资只有正式职员的30%~40%），错误的"留用"政策导致台湾劳工从对祖国的满心期待转为难以言语的苦涩与愤懑③。

　　此时，有着丰富组织动员与工人教育经验的计梅真、钱静芝以国语老师的面貌出现在邮电工人面前，教导工人学习国语、创办战后第一份工人刊物《野草》，与工人们谈心、讨论生命困境。例如，许金玉曾向计梅真倾诉作为养女的悲惨境遇，并且希望将来可以开孤儿院帮助孤苦无依的人们，计老师先是肯定她的想法但是接着说："孤儿的问题只是整个社会的一部分，我们如果有心，就要从根本上来改造这个社会……"④这不仅

---

①　陈顺馨主编：《多彩的和平：108名妇女的故事》，中央编译出版社，2007年，第29页。

②　"激进1949：战后台湾邮电工潮与他们的刊物《野草》"图文展：2019年3月23日—5月1日，台湾地区"景美人权文化园区"兵舍六号展厅。

③　参见林传凯：《战后台湾地下党的革命斗争1945—1955》，台湾大学社会科学院社会学系博士学位论文，2018年，第303~328页。

④　蓝博洲：《台湾好女人》，台海出版社，2005年，第199页。

改变了许金玉较为害羞、封闭的个性，更使她在思想上有所改变，愿意踏入公共活动之中，并成为日后工会运动的积极参与者。此外，计梅真还引导他们阅读鲁迅、高尔基等左翼文学作品[①]，组织踏青郊游、电影会等活动，就这样走入工人的生命里。当计梅真被学生问到该如何进行"归班"运动（争取同工同酬）时，她说："你们可以充分利用工会，通过工会争取发言权，并且争取你们应有的权益！"这就鼓舞了劳工竞选工会干部，投入改变自身处境的运动，并且在1949年3月26日由邮电工人发起战后第一场劳工游行。令人难以想象的是，这群邮电工人不畏风雨集结并游行至行政长官公署，此时距离"二·二八事件"相隔不过两年，就在两年前的同一地点，台湾人民被国民政府派来的军队以机枪扫射，是什么样的勇气与决心，让邮电工人走上街头呢？此问题引人深思。

此次游行后，"归班"问题总获解决，但另一场风暴才正要开始。

1950年2月5日，台湾当局保密局逮捕了计梅真与钱静芝。保密局特务对她们严刑逼供，施以各种酷刑毒打，最后以诱骗等手段，取得计梅真的"自白"[②]。8月31日，当时的台湾省保安司令部军法处合议庭判决计梅真、钱静芝"意图以非法之方法颠覆政府而着手实行，犯行确凿，罪无可逭，亟应处以极刑"，许金玉等三十余人，则分别被判处15年、10年、7年不等之刑期。许金玉在被捕后移监军法局与计梅真相遇，计梅真相当高兴地对她说："许金玉，你有什么问题尽量问我。"许金玉便问："计老师，以后谁都认定我是共产党了，那我应该要怎么做一个好的共产党员呢？"计梅真听了这句话，便难过地说："我没有资格回答你这句话。"[③]此外，当计梅真知道自己的另一位学生王文清也被押在狱中时，对着牢房大喊"不管十年、二十年，一生都要活下去！""要坚定地活下去，就有

---

① 吴舒洁：《光复初期台湾工人写作与新文化实践的兴起——以新见史料〈野草〉杂志为中心》，《文艺理论与批评》2019年第4期。

② 特务诱骗计梅真，告诉她如果"自白"的话，且使其学生也"自白"的话，那么保密局可以不对其学生究责，但事实上，特务们是以诱骗手段，将其"一网打尽"，参见林传凯：《战后台湾地下党的革命斗争1945—1955》，台湾大学社会科学院社会学系博士学位论文，2018年，第324~325页。

③ 陈顺馨主编：《多彩的和平：108名妇女的故事》，中央编译出版社，2007年，第32页。

光明的一天！"①

1950年10月11日，计梅真和钱静芝被押到马场町枪毙，前者终年35岁，后者32岁，计梅真与搭档钱静芝的就义，保住了另外三十多条年轻的生命。

至此，计梅真的时间停止了，就在胡风激昂地宣布"时间开始了！"不到一年，在台湾岛上，深秋的乱葬岗堆中，中国共产党地下党员计梅真的时间却终止了。

诗人的奏鸣还在大厅堂回荡：

　　我的战友

　　我的同志

　　我的兄弟

　　我看见了你！

　　你在臭湿的工房里冻饿过

　　你在黑暗的牢狱里垂死过

　　你和穷苦的农民一道喂过虱子

　　你和勇敢的战友一道喝过雪水

　　你受过了千锤百炼

　　你征服了痛苦和死亡

　　这中间

　　多少年多少年了

　　但你的希望活到了今天这个日子

　　但你的意志活到了今天这个日子②

"人们自己创造自己的历史，但是他们并不是随心所欲地创造，并不是在他们自己选定的条件下创造，而是在直接碰到的、既定的、从过去

---

① 林传凯：《战后台湾地下党的革命斗争1945—1955》，台湾大学社会科学院社会学系博士学位论文，2018年，第325页。

② 胡风：《时间开始了》，《胡风全集》第1卷，湖北人民出版社，1999年，第108~109页。

承继下来的条件下创造。"① 这也就意味着新时代的考题来自旧时代未解的题库。

1950年10月11日，我们失去的，不仅是两条年轻热血的宝贵生命，还有中共地下党员与台湾人民在彼时所共同建构的理想、共同分享的价值，覆灭的共同理想在新的世纪可有重建的空间？计梅真逝去的时间是否活到了今天呢？时间何以走走停停呢？时间在不同的空间中何以如此变化呢？在爱因斯坦的相对论里，质量和能量决定了时空的形态②，科学家的任务在于探索时空扭曲造成的各种现象，如黑洞周围暗块之成因与其背后的自然律，至于如何解释人类社会中的"暗块"与"时空扭曲"，对于以上种种问题的探索，责任似乎落到了人文学者的肩上，这道难题并不比得出 $E=MC^2$ 简单。

回望两岸近百年曲折的时空移转与复杂的人事变迁，辉煌背后映照着无数的伤痕，时而隐隐作痛，时而油煎火燎，伤口只是结痂，并未消失。本文仅揭示一道被世人忘却的伤痕，也可以说是时空扭曲中的暗块，而我的使命是于此中寻查，上述提出的种种待解谜题，在21世纪中期待重建与治愈。

问题已然摆在眼前，没有人能保证，每一次的探索与试验能够得到相应的答案，这是一趟没有归期、价格昂贵的旅程，但是马克思17岁时已经给出了指引："如果我们选择了最能为人类而工作的职业，那么，重担就不能把我们压倒，因为这是为大家作出的牺牲；那时我们所享受的就不是可怜的、有限的、自私的乐趣，我们的幸福将属于千百万人，我们的事业将悄然无声地存在下去，但是它会永远发挥作用，而面对我们的骨灰，高尚的人们将洒下热泪。"③

① 马克思：《路易·波拿巴的雾月十八日》，《马克思恩格斯选集》第一卷，人民出版社，2012年，第669页。

② 弗兰克·克洛斯：《虚空：宇宙源起何处》，重庆大学出版社，2016年，第99页。

③ 马克思：《马克思恩格斯全集》第一卷，人民出版社，1995年，第459页。

复兴之路　青年有我

管理学院　人力资源管理　2020级本科　香港　林潼潼

> 一百年，太长。
> 前赴后继，接续努力，未曾改变初心。
> 一百年，太短。
> 沧海桑田，魏武挥鞭，已是换了人间。
>
> ——题记

作为一名在香港特别行政区长大的青年，曾几何时，我也自豪于繁华的都市、琳琅的商品和彻夜通明的霓虹灯。但随着长大，我发现我身边的一些同学习惯了穿梭于车水马龙、沉醉于金碧辉煌、痴迷于这个充满着利益和财富的世界，陷入了消费主义陷阱无法自拔，好似周身缠绕着荆棘，想要挣脱却痛苦无力。而我也逐渐意识到我自己思想上的空缺，像植物缺了根，思想如枯树般空洞，沙漠般贫瘠。私以为这样继续下去，即使丰富了脑中的专业知识，思想也断然不会结出什么丰硕的果实，不过是变成了香港这台高强度运作的金融机器之中一颗冰冷的螺丝钉。

我不甘心，我要挣脱，我想找到问题的根源。几经摸索，我瞄准了两个字——媒体！

在香港，无论是主流媒体还是Instagram等社交软件上的自媒体，皆很少详细报道内地的新闻，诸如疫情防控政策、神舟飞船发射一类的大事，许多新闻博主也只是草草带过，观网友评论，多半曰虚假曰煽情云云。

对于疫情防控，香港部分媒体只向民众报道内地疫情防控速度如何快，却不向大众详细地展现党和政府统筹全局、果断决策、精准施策的担当，践行人民至上、生命至上理念的决心以及人们在疫情来临之际的众志成城精神。这一点，在我来到厦门大学求学的这一年里感受颇深，这无形却确实存在的"冲突"给我当头敲了一闷棍：百年校庆之前听同学们说钟南山院士、张文宏医生要来厦大给我们做讲座，可我却一头雾水——谁是钟南山？谁又是张文宏？能让全校同学满怀期待、欢欣鼓舞？

我斗起胆去问了内地的同学，那是我第一次被人瞪大了双眼张大了嘴对着。我不明白，他们在诧异什么。他们不明白，我在惊讶为何。

"钟南山院士啊！哪次疫情防控都得他来指导啊！前段时间还去支援欧洲了呢！"

"张文宏医生啊！上海最'硬核'的医生啊！他还是我们高考作文的重点素材呢！"

"香港从来不报道他们的新闻吗？钟南山院士还获得了共和国勋章呢！"

……

我呆了，我晕了，我被这突如其来的考问给震惊了。

为什么，为什么关于疫情防控，大家都耳熟能详的人物和故事，我一无所知？为什么这些光辉伟大的事迹从未出现在我的视野中？难道那些熠熠生辉的名字都消失在了深圳河的中央吗？难道那些负重前行的身影不该留存在香港青年的记忆中吗？

我，并不这么认为。

媒体的职责就是将事实完完整整地展现给世人。媒体的作用是为了丰富人们的视听，充实人们的精神生活，最起码不该如此这般给人们的生活添堵。

习近平总书记在北京大学考察时说："重大科技创新成果是国之重器、国之利器，必须牢牢掌握在自己手上，必须依靠自力更生、自主创新。"科技创新是场接力赛，得益于国家在科创领域的大力投入，我国在新型能源、中国制造、生命科学、航空航天、海洋科学等前沿领域均取得了丰硕的创新实践成果，前景广阔。创新是国家兴旺发达的不竭动力，自主创新和科技的发展是国家在世界立足之根本。私以为，青年人乃发展核心科技的生力军，科技进步的第一步，便是让青年人接触科学、热爱科学，并立志投身科学。这么说来，让青年人接触到科学便是根本要义。然而，香港的部分媒体却蓄意屏蔽关于国家科技发展方面的新闻，导致许多香港青年对诸如"神舟"飞天、"蛟龙"入海、"鲲鹏"展翅、"鸿蒙"初开这类重大的科技进步闻所未闻，在他们的视听世界里，取而代之的，是明星偶像、娱乐花边，他们的思想正被资本蚕食，他们的精气神正被财富和利益抽走。

这是香港媒体的失职，是香港媒体环境的畸变！

说实话，来到内地读书后，我很羡慕内地的同学们：

神舟十二号三位航天员的生活日常成为同学们课余津津乐道的话题，抢险救灾的官兵和志愿者们是同学们钦佩和学习的榜样，疫情防控阻击战的节节胜利让同学们对最终胜利充满信心……

而不少香港青年，却沉溺在被资本笼罩的媒体环境中，不知归途。

未来该向何方？

我想我们的前辈早已给我们指明了方向。

现在若问我："在中国共产党百年的奋斗史中看到了什么？"

我会回答："青春、理想、初心、奋斗、牺牲。"

前段时间，我被同学们疯狂"安利"了一部电视剧，名叫《觉醒年代》。剧里的陈独秀、李大钊、陈延年、陈乔年等角色都给我留下了深刻的印象。

坦白地说，这部剧极大地激发了我对中国共产党历史的兴趣。香港中小学的历史课程中，并未就中国共产党的发展史做简单介绍。因此，提起中国共产党的历史，我脑中除了空白还是空白，或是没教，或是没学。

起初，是这部剧跌宕起伏的剧情引得我对各个人物丰富鲜明的形象着迷，尤其是被陈独秀先生的人格魅力所折服。但那时我不太明白为什么李大钊先生会如此地"固执"，陈独秀先生会如此地"固执"，咬定了马克思主义就不放松，偏要身边的人去研究，纵使身陷囹圄也绝不放弃对共产主义的追求。可当我看到他们几乎尝试了所有方法来为那时沉睡着的旧中国探索一条光明的前路时，我明白了，马克思主义是历史和时代的选择。我感叹于青年毛泽东、青年周恩来的凌云壮志，我震撼于陈延年、陈乔年为了守护自己伟大的革命理想而慷慨赴刑的英勇无畏，我无法不因他们的凌云壮志而心潮澎湃，我无法不因他们的英勇献身而热血沸腾。唐代诗人岑参语曰："君不见拂云百丈青松柯，纵使秋风无奈何。"就如习近平总书记所说："增强做中国人的志气、骨气、底气。"我认为不仅如此，还要加上敢做敢当、敢"打"敢"拼"的血气和锐意进取、永远充满探索热情的朝气。这股气，是在封建与侵略交织的黑网中撕开一道裂缝的辉光，是能激励我们全国上下四万万同胞奋进到底的无穷力量。

　　剧里，人生如戏；剧外，戏如人生。

　　我清醒地知晓，这不是刻意编撰的剧情，这就是先辈们可歌可泣的奋斗史。但我同时也明白，党之初创于国家，就犹如婴儿新生于襁褓，她的未来，我们的现在，在那时都还是个问号。她的成长，是非要经历血与火的洗礼不可吧。

　　建党百年，举国欢庆，《义勇军进行曲》响彻中华大地，"把我们的血肉筑成我们新的长城！""我们万众一心，冒着敌人的炮火，前进！前进！前进！进！"慷慨激昂的国歌就是中国共产党和中国人民伟大奋斗精神最真实、最凝练的写照。我们走过繁花似锦，也曾踏足苦难深渊，两者都让我们受益良多。高歌猛进时，大庆的冻土涌出滚滚石油，西北的戈壁绽出震天动地的蘑菇云，工厂里的机器轰鸣，工人手上操作不停，我们的轮船加足了马力向全世界输送优质的"made in China"。在机会与挑战并存的当今世界，我们从未停歇，我们艰苦奋斗，我们砥砺前行，只为了"前进！前进！前进！进"！

　　我们的国家是一个奋进不止的国家，我们的党是一个朝气蓬勃的党，我们青年，更要做鲁迅先生笔下摆脱"冷气"，只是向上走的青年。作为新时代的生力军，我们要把握住时代的脉搏，积极学习红色文化，以革命先烈的伟大奋斗精神为榜样。新时代，新征程，我们仍在路上，我真诚地希望我们青年一代能够摆脱消费主义的陷阱，拒绝成为精致的利己主义者，不要沉溺在资本的漩涡里，拿出我们的朝气，发扬"敢为天下先"的勇者精神，积极学习新时代的红色文化，讲好新时代的红色故事。

　　如若这般，我相信我们脚下的这片土地必将是"看星火燎成一色，以天下红，更天下公"。

回首百年嗟且长，迈向复兴崭新章

新闻传播学院　新闻传播类　2021级本科　台湾　陈佳琪

凭吊滚滚长江，望奔涌不息，惊涛拍岸；矗立泰山之巅，叹连绵不绝，巍峨壮丽；窥向无穷宇宙，探世间奥妙，万古长空。岁月骛过，山陵浸远。吾辈青年何其有幸，回首百年，迈向复兴。

"未惜头颅新故国，甘将热血沃中华。"是谁曾潸然泪下，拭去不再涔流的热血；是谁曾执笔为刃，唤醒迷茫失路的国人；是谁曾弘济时艰，漂洋过海仍心系中国；是谁曾鞠躬尽瘁，为中华之崛起而读书。枪林弹雨也许可以击垮先人的肉身，却无法磨灭他们心中一番楚囊之情。一代代人前仆后继，化心中的拳拳赤诚为力量，在群狼欺我久困乏力之际，硬生生为中国杀出了一条路，让身陷困境的国民得以窥见光亮。五星红旗冉冉升起，复兴之路还在迈进。

"周虽旧邦，其命维新。"彼时是世界经济快速发展、科技进步日新月异的时期，然而我们的祖国还未从被炮火轰击得千疮百孔中恢复过来，就又遭受了一系列打击。改革开放受到质疑，依旧有无数人如萤火一般，有一分热就发一分光。随着一个个经济特区的发展，闭关锁国已经永远深埋在历史的长河，中国找准了方向，为了民族复兴砥砺前行。

"乾坤日月当依旧，昨夜今朝却异同。"1964年，莽莽荒漠传来的一声巨响让多少国人热泪盈眶。1970年东方红一号发射成功，中国有了自己的第一颗人造卫星。1973年杂交水稻成功问世，数不清的人得以解决温饱问题。2003年"神舟五号"载人飞船成功发射；2012年中国第一艘航空母舰"辽宁号"下水成功；2021年"天问一号"火星探测器携"祝融号"火星车成功地着陆火星。无数成就在复兴这条路上逐个达成，那些曾经大家都觉得不可能的事，很多都成为现实！九万里风鹏正举，复兴之路现荣光。

　　"红日初升，其道大光。"如今生活在5G互联网信息时代的我们，更不能安于享乐，应当奋力自强，接过中华民族伟大复兴的接力棒。王小波曾经说过："青年的动人之处，就在于勇气，和他们的远大前程。"回首百年复兴路，哀其道阻而艰苦，如今复兴新征程，愿萤烛末光增辉日月。"惜我少年郎，晔晔如扶桑。望我少年郎，可同日月光。"我辈青年当孜孜矻矻、砥砺前行，再为中华续一笔荡气回肠，为民族复兴谱写新的篇章。

　　星海横流，岁月成碑。回首百年复兴漫漫长路，吾辈不曾横戈跃马，不曾困于绝望，不曾视死如归，不曾绝地逢生。但我们青年人更该以史为鉴，明"前事不忘，后事之师"，为祖国复兴而奋斗。

回首来时路，山高无坦途

管理学院　旅游与酒店管理　2020级博士　台湾　洪铭键

　　　乡愁是一湾浅浅的海峡，我在这头，大陆在那头。

　　　　　　　　　　　　　　　　　　　　　　——余光中

　　我出生于1976年的台湾，那个钱淹脚目①、经济起飞的时代，从小我接受九年义务教育，透过地理课本图片认识到内蒙古大草原的广袤浩瀚、长江黄河的气势磅礴、黄果树瀑布的飞流直下……虽然那时的图片仅仅是黑白两色，画质也超级模糊，但是透过薄薄的纸面，我依然能感受到祖国大陆的厚重深沉、雄阔壮美。初中时代爱上了《三国演义》，看完深深佩服中国文学的博大精深，也感受到作者深厚的写作功底。罗贯中把所有人物、地点、事件都描述得栩栩如生，宛如亲临现场。中国有着五千年的文明史，孔子的儒家思想影响中国人两千多年，也深深烙印在我内心当中，时时刻刻砥砺着我要做到"己所不欲，勿施于人"，并每日三省吾身。碍于当时的政治氛围，我只能留在台湾遥想着祖国大陆的好山好水，期待能踏上大陆的那一天，像电视剧里历尽沧桑回到家乡的游子一样，双手捧起故乡的泥土泪流满面：母亲，我回来了！

揭开神秘的面纱：与大陆的第一次亲密接触

　　1998年，两岸交流蓬勃发展，大陆出台一系列惠台政策。家父响应大陆对台招商政策，毅然带着资金、技术、管理人员到深圳创办制鞋工厂。

————————

　　① 钱淹脚目：20世纪80年代前后，我国台湾地区经济起飞，几乎家家富足。此语形容钱多，淹过人的脚踝。

因需要人手帮忙，我终于在22岁生日的那一天，踏上朝思暮想的祖国大陆的土地。当时正值大学暑假期间，从小在台湾教育制度下长大的我，只身前往从未到过的大陆，心中既充满期待又忐忑不安，终于可以亲身踏上隔着浅浅海峡却咫尺天涯的神秘土地。当时台湾民众必须透过第三地才能前往大陆，所以我首先到香港转机，然后从香港经罗湖口岸转入深圳。一离开繁华现代的大都市香港，进入荒凉破败的深圳那一霎，我惊呆了，触目所及，处处皆是破烂的土墙民房，不修边幅的百姓，男人们的头发肆意生长，穿着并不合身的西装衬衫，我想起了香港电影里的古惑仔。通往城里的道路坑坑洼洼，的士为了多接几趟生意，超速、逆行、鸣喇叭催促样样都来。过了罗湖口岸，我搭乘大巴车晃晃悠悠两个多小时，到了平山再转乘专线抵达父亲在吉隆的工厂。

当时的深圳，各式各样的工厂如雨后春笋，蓬勃生长。我亲眼看到厂里工班为了基本生活温饱，用稚嫩的肩膀熟练地扛起两袋重达200斤的鞋底爬上四层楼；工班很年轻，一二十岁的样子，虽然早早地就经历了生活的艰辛，但是他们的脸上总是洋溢着满足、幸福，他们扛起的是鞋底，背负的是希望。我至今仍然记得一间狭小、几乎密不透风的多人宿舍里，一位热情的员工从床底下抱出自酿的小米酒要跟我分享的情景。短短三个月的实习体验很快就过去了，给从小衣食无忧的我以很大的冲击，原本晃晃悠悠对未来感到迷惘的我，一回到台湾，就坚定继续认真完成大学学业，通过考研往教职道路上前进。

跨越时代的落差：见证交通的飞速发展

我爱好旅游，走过世界很多地方。再次来到大陆，是15年以后的事情了。2013年我选择来这里工作，趁着工作间隙我决定来一场说走就走的旅行。旅行中我认识了很多朋友，也发现台湾长大的孩子跟大陆长大的孩子对于时间与距离有着明显的落差：在台湾说很近，意思是大概10~20分钟可以到达的地方，也就是方圆3~5公里的地方；而大陆说很近，很可能是指2小时内可以到，距离是方圆20公里的地方。

有一次到福建旅游，当地朋友邀请我一起去涉溪踏青，我就问了一下大概多远，他们异口同声地说很近。我按照我在台湾的理解，大概就是开车二十分钟的样子，结果一出门足足开了一个半小时才到，可见人所处的环境影响看待事情的角度。后来我再旅行的时候，我都会反复与当地人沟通、确认具体时间，尽量把时间量化，而不是模棱两可的"很近"或者"不远"。

祖国大陆地大物博，在我印象当中，出行要坐那种绿皮火车，售票大厅满满都是拎着大包小包的通勤人员，排队、插队、喧哗声与叫卖声充斥着车站大厅，车厢内有绿色硬式座椅，还有可以躺下的软卧；随便跨一两个省都要花上一两天的时间才可以到目的地，更不要说从内陆到沿海，坐车要三五天都是家常便饭。

我是在中国共产党召开十八大之后的2013年再次来到大陆，无法想象，短短十来年时间，大陆的各项事业在党的带领下取得举世瞩目的成就，而飞速发展的交通，让我感触颇深。现在祖国大陆的交通四通八达，飞机、高铁、动车、火车、轮船、地铁、高速公路组成道路网，极大地便利了人民的出行，不但大大缩短出行的时间，更重要的是价格也非常亲民。除了硬件建设，大陆在服务旅客方面也是用心思考，例如号称全球交易量最大票务系统"最强大脑"：12306 APP，一年售票可达30亿张，春运期间有时两个小时的售票量就能达到150万张，学习计算机专业的我，真的很佩服这样的软件系统负载能力与运作速率。系统的背后，是关于公平售票、实名认证、分段销售、退票换票、补票、防堵抢票系统、支付退款以及系统运行速度、稳定与安全等一系列复杂的考量，而这些12306 APP都做到了，不可思议。

乘坐体验上，现在省去排队领票，透过身份证刷卡与人脸辨识进出站，手机简讯发送班次及座号，当年嘈杂喧哗的大厅早已不复见，而几乎班班准点的运作效率，让我在短时间就可以走遍神州：上海、昆山、杭州、苏州、义乌、福州、武夷山、厦门……从交通方面管窥蠡测，大陆与台湾曾经巨大的落差，在短短十年不到的时间就迅速地弥平并且实现超越，我真切感受中国共产党为人民服务、务实为民的精神，正是我们台湾地区也需要认真学习的地方。

搭建沟通的桥梁：成就两岸一家的梦想

2017年开始，我开始把我在祖国大陆所见所闻以及旅游故事放在台湾的社交媒体上，吸引许多台湾朋友的注意。他们开始询问我当地旅游的细节，再加上2017年中国共产党十九大报告提到要逐步为台湾人在大陆学习、创业、就业、生活提供与大陆民众同等的待遇，台湾人来大陆再也不会像我22岁那年既期待又害怕的窘迫。但是不得不正视的一个事实是，有数据显示，来过大陆的台湾人只有750万，也就是约三分之二台湾人从没来过大陆，他们对大陆的了解，像阳光穿过透镜，经过层层折射，早已面目全非，有时候则像戴着眼镜看世界：看到的都是虚像。为了让更多台湾人能了解真实的大陆，政府出台许多惠台政策鼓励两岸加强交往。比如福建平潭针对首次到大陆的"首来族"，开展短期的文化交流与观光旅游，并推出3000元人民币的补贴，降低台湾人民赴大陆的成本，将大门打开让没来过大陆的台湾朋友实际听到、看到、发现"新"的祖国大陆，这种开放与自信，事实与成就，逐渐打破台湾部分媒体的偏颇报道。

搭上这波政策，我开始构思如何搭建沟通的桥梁，成就两岸一家的梦想。福建人常常说，福建与台湾"地缘相近、血缘相亲、文缘相承、法缘相循、商缘相连"，我就从文化入手，通过举办两岸文化体育交流活动增进彼此了解。棒垒球运动在台湾是非常普遍的全民运动，而我在这个运动略有成就，2011年还受到台湾地区前领导人马英九的召见，表扬我在棒垒运动中的贡献。延续棒垒球运动的爱好，我在福建平潭与当地棒垒球协会的支持下，陆续策划举办一系列两岸青少年棒垒球赛事：第三届"共同家园杯"两岸青少年垒球夏季邀请赛、两岸青少年软式棒垒球交流赛、平潭综合实验区两岸棒垒球新年邀请赛、第三届"海青杯"两岸青少年棒球邀请赛等。通过举办文化体育活动，两岸年轻人自由接触交流，相互学习，互相协作，良性竞争，逐渐消弭原先的刻板印象，消除原有的偏见，进而齐心共创共同的家园。

这些年在大陆生活、工作的经历让我感受到祖国大陆政治、经济、社会、文化方方面面呈现出生机勃勃的景象。大陆人民不再如当年的瘦瘦黑黑，而是健康茁壮，他们的衣着，也无比时尚。他们的脸上，洋溢着的幸福、满足，在面对客人的时候，多了一分开放与包容、自信与从容，我想起了一首歌："我家大门常打开，开放怀抱等你，拥抱过就有了默契，你会爱上这里……"是的，我爱上了这里，于是我选择正式踏入两岸旅游相关行业，并于2020年进入大陆著名学府厦门大学旅游与酒店管理学系深造，攻读博士学位。这将成为我未来人生发展的一份重要拼图，我希望拼出的两岸一家亲的图里，有我的贡献。

并非完美，但是依然美丽：回首来时路，
山高无坦途

大陆发展的过程并非完美无瑕，也存在发展不平衡不充分的问题，也面临房价高、学区房等具体的民生问题，但是世界上没有任何政府和政党，能像中国政府、中国共产党这样，在短短的几十年中取得如此辉煌的成就：消除绝对贫困，人民生活进入小康。

发现问题是人民的声音，面对问题是人民的要求，解决问题是对人民的回应。1998年我从台湾到大陆，确实感受到当时两岸各方面发展有很大的差距。如今通过中国共产党的坚强领导，干部和群众总是敏于发现问题，敢于触碰问题，善于解决问题，再加上勤奋努力的人民，有了这样的基础元素，中华民族伟大复兴也就是时间问题。

回首来时路，山高无坦途。我相信，国富民强虽然需要时间，但只要相信党，热爱党，永远跟党走，人民必将过上幸福美满的生活。

1998年深圳大巴票

1998年本文作者摄于深圳市政府前广场

2018年7月第三届"共同家园杯"两岸青少年垒球夏季邀请赛

2018年10月两岸青少年软式棒垒球交流赛

2018年10月两岸青少年软式棒垒球交流赛

2019年2月平潭综合实验区两岸棒垒球新年邀请赛

2019年8月第三届"海青杯"两岸青少年棒球邀请赛

回首，前行

化学化工学院　化学专业　2021级本科　台湾　黄彦嘉

"泱泱华夏，浩浩千秋。百年大计，始于辛酉。"回首百年的奋斗之路，我们见证了千疮百孔的祖国，经历风雨历练，才逐步实现了国家独立、民族解放、人民幸福。然而，没有一个国家的富强是历史必然，没有一个民族的崛起是命中注定。民族崛起必须自己亲手去争取，去创造。一百一十年前的孙中山先生领导辛亥革命推翻两千多年封建帝制；万千爱国学生走上街头为民族的未来摇旗呐喊，掀起了彻底反对帝国主义和封建主义的五四爱国运动，嘉兴南湖的游船上中国共产党成立后，中华民族终于走上势不可挡的伟大复兴之路。

回首百年之沧桑，一百年前的中国，在那半殖民地半封建社会的旧中国，黎民百姓饱受积弱之苦，天下苍生皆求救国之路。那是一个黑暗的时代，一个愚昧的时代，一个悲哀的时代，一个沉睡的时代。人们流离失所，命如草芥，国家处在危难关头，生死存亡之际。但也正是在这个时代下，有一群人挺身而出，如闪耀的繁星，照亮无数中国人的心：孙中山先生"打倒列强，统一全国，再造共和"的终生理想，李大钊先生"铁肩担道义，妙手著文章"的光辉一生，鲁迅先生"以笔为刃，以墨为锋"，一脚踏开泥泞，从雨中走来，背对整个旧中国麻木不仁。陈独秀先生带着《新青年》杂志而来，启发思想和民智，引领着下一代青年前路的光。他们是不幸的，因为他们生在了中国最黑暗的时代。然而，中国是幸运的，因为在那个黑暗的时代，中国有他们。1921年的7月，一群平均年龄不过28岁的年轻人，怀抱着坚定的信仰，肩负着救亡图存的使命，相聚在上海，建立了中国共产党。这是一代伟人们在万古长夜里的寂寞驰骋，是不惧黑暗的革命者们在黎明到来前手持火炬，照亮这万古长夜。

建党后的百年，道阻且长。十四年抗战，有赵一曼女士"未惜头颅新故国，甘将热血沃中华。白山黑水除敌寇，笑看旌旗红似花"的坚定抗日意志，更有无数英雄烈士保家卫国、清除侵略者的决心。1949年10月1日，一轮红日升于东方，中华人民共和国宣告成立。当国家处于百废待兴之时，一群最可爱的人再一次奔向战斗的前线，跨过鸭绿江，抗美援朝。他们冲向前线，是为了让下一代人不用再参与战争，更是为了让中国的孩子未来几十年甚至是百年都能在和平的国度成长、生活。百年间，中国也有着无数功勋人物，都在为建设一个更好的中国作贡献。有历经重重困难，坚持回国研究航空航天领域的钱学森；有中国核武器理论研究工作奠基者邓稼先；有心无旁骛，专心致志，脚踏实地搞科研的中国"氢弹之父"于敏。因为有了他们，中国提升了自身的国防力量，从此不惧怕西方列强的威慑。在发展国防建设的同时，也有着袁隆平先生用一生致力于研究杂交水稻，从根本上解决了中国温饱问题。正因为有像他们这样伟大的先驱者的努力，才有现在的我们，现在这伟大的祖国。不禁感慨：我们的民族，生生不息，英雄辈出！

"千淘万漉虽辛苦，吹尽狂沙始到金。"历经百年风雨，中国共产党从小到大、由弱到强，从建党时50多名党员，发展成为今天已经拥有9500多万名党员。中国不再是以前的那个中国，我们正在崛起。百年后的我们，正处于祖国崛起道路上的我们，应该做的，便是回首百年奋斗路，铭记历史，砥砺前行。山川无言，日月无声，但历史会铭记，铭记先辈们用鲜血浇灌的希望的花，那奇迹的红。在社会主义新时代，正值青春年少，风华正茂，意气风发的我们也应当担当起建设伟大祖国的重任。在我们欣赏着当今城市繁华的夜景，缤纷灿烂的霓虹灯，川流不息的车流，感慨世间繁华之时，不妨再仰望头顶这片星空，这片星空见证了中华民族无数建设先驱者的努力。当我们仰望他们看过的星空，仿佛穿越百年时空再相逢。回顾过去百年历程，更能激励我们负重前行。当今世界，现代中国，我们的职责更加重大，使命异常艰巨。祖国的强盛，中华的振兴，任重而道远。我们必须增强历史责任感和时代紧迫感，肩负起时代赋予我们的光荣使命，挥洒艰辛与汗水，为祖国的明天而努力奋斗，谱写新的华章。

"胸怀千秋伟业，恰是百年风华。"百年前，翩翩少年披荆斩棘一往无前慷慨赴死似寻光飞鸟。百年后，吾辈青年不负先烈不忘国耻砥砺前行必鼎盛中华。

最后，引用鲁迅先生在《热风》中所写："愿中国青年都摆脱冷气，只是向上走，不必听自暴自弃者流的话。能做事的做事，能发声的发声，有一分热，发一分光，就令萤火一般，也可以在黑暗里发一点光，不必等候炬火。此后如竟没有炬火，我便是唯一的光。"愿你我值芳华之际，能够成为一束光，点亮黑暗，给周围带来光芒。我也坚定地相信，一百年只是一个开始，接下来将会有无数个伟大的百年。

百年光辉耀眼未来

经济学院　经济学大类　2021级　台湾　吴庭葳

回首百年奋斗

国旗在阳光下持续闪耀地飘扬着，2021——别具特殊意义的一年，是建党一百周年，是我校厦门大学建校一百周年。

（一）铭记历史百年光辉

百年的历史前程，前人为民族的无私奉献与壮烈牺牲，成就了我们至今所拥有的一切，若是没有烈士英雄们的艰苦奋斗，若是舍弃历史长河积累的经验，就不会成就今天的我们，成就现今的时代。历史将永久存在，无法被磨灭，也不能够被磨灭。百年坎坷、百年风光，我们不仅会永远铭记这段峥嵘岁月，往后也将谱写下去，一代接着一代。我们将秉持

厦门大学建南大会堂

着红船精神，铭记前人百折不挠的奋斗拼搏，不忘记祖先们为国革命，开天辟地、披荆斩棘。

（二）自强不息，止于至善

回首百年路程，厦门大学之所以能在风霜雪雨中屹立不摇，正是因为

许许多多值得后人弘扬、敬佩的伟人们，竭尽其一生心力奉献于厦大，现在的我们才能站在这片辉煌之上。"华侨旗帜、民族光辉"，我们将永远谨记1921年开创厦大的陈嘉庚先生勤俭、创新、爱国的精神，非但要时时刻刻根植在心中，更要进而传承、发扬嘉庚先生"宁卖大厦也要办厦大"的这份无私付出。

鲜艳的红色录取通知书上刻着大大的数字100，象征着一个新百年的开始。我将成为新一代厦大学子的其中一员，加入这个充满博爱、充满包容的校园中。回想收到快递邮件的时候心情是激动的；拆开包装封条的时候手指是颤抖的；亲眼看见自己的名字被印在通知书上的时候热泪是夺眶而出的。我们新一代2021级厦大人是何其荣幸，能一同踏入这片拥有着百年历史的美丽校园，享受校园的美好风光，望着芙蓉湖畔、拂着白城海风，并且在杰出、优异的老师们，以及同学们的陪伴下，编写属于我们的校园故事。虽然未能亲身一睹全校上下师生庆祝百年的盛况，仍然能从各大媒体报道和众多的文章以及视频照片中，深深被这样的壮丽所感动，我想我无法找到一个最适合的词语去形容、去描述、去衬托这个久久不能平复的震撼。我能有幸成为厦大学子，在这充满历史风情、爱与宽容的校园里度过人生中最重要的大学时期。

迈向复兴征程

站在一个新百年起点上的我们肩负着继续完成中华民族伟大复兴的任务。弘扬民族精神、家国情怀，怀抱坚定信念，我们将在稍纵即逝的岁月里，开创历久弥新的价值。

（一）我的家人与我

我的爷爷，从前是国民党的军官，当时随着蒋介石来到台湾，直到几十年后两岸正式开放往来，才重新回到了大陆这片土地寻找亲人，之后的每一年也会回家乡祭祖。而我的妈妈是南昌人，正因为爷爷的缘故，爸爸妈妈才有机会相识。我与妈妈这边的亲戚们更为亲密，因为两岸开放使得交通来往路线便捷、科技媒体进步发展，我们平时的交流也就变得十分密切。每逢放寒暑假也会回来探访，所有的阿姨、舅舅、表哥、表姐都万分照顾我们，总会抓住机会带我们到各个著名旅游景点参访，品尝大街小巷里的各种美食，丰富了我所有寒暑假的时光，留下了很多深刻而且美好的回忆。

或许是从小时候开始，脑海深处就印盖着这样的记忆，所以我本人对来祖国大陆生活与求学也有着极高的向往，想与来自各个不同省份的优秀同学一同努力、一同学习、一同成长，想在更大的竞争压力下提升自己，于是在亲戚们的强烈支持和个人的意愿之下，我决定报考祖国大陆的几所高校，最终很幸运地被厦门大学录取。我的爸爸妈妈很高兴，很欣慰我能做出这个明智、正确的选择，并且为之努力，最终达成了这个目标，让自己也变得优异。即使因为新冠肺炎疫情的缘故，在台湾的他们不方便一同陪伴我过来，但这样也促使自己要更加独立地学习。

两岸一家亲，和平共处。正是因为如此，我才有这个机会从现在的大学时期开始，拓展自己的眼界，拥有我憧憬的生活圈，接着在毕业以后进入社会工作，尽自己的心力去回馈社会。以前是亲戚带着我们吃喝玩乐，而现在是自己打理一切生活，所以即使是去面对一下生活中琐碎的、与在台湾体验到的不同的小事情，我也感到新奇，更体会到生活的快乐与科技的便利。因此，我不想辜负每天、每月、每年，于是我给了自己以下期许。

（二）不负青春韶华

青春，每个人独一无二的青春岁月由自己谱写与挥洒，当中的奥妙和绚丽全都得由自己亲自去挖掘、去探索，这是专属于我们的本钱，允许我们突破旧思路，更勇敢、更大胆地尝试及投资。即使现在正处于求学阶段的我们仍然对自己的将来感到迷茫无措，也不要忘记好好把握当下，充实与享受所有经历过的道路，并且在这整个过程中，逐渐确立自己的目标，从距离现在近一点的学习目标、工作目标，到朝着更远方向的未来规划、人生梦想；从为自己的安排设想，逐步到为社会为国家作贡献。

理想是人生的灯塔，照亮着我们前行的方向，没有理想的人生是行尸走肉，仅存躯壳而少了内在的灵魂核心，茫然不知去向，而现阶段是创造力、想象力的巅峰，因此我们一旦设立了目标、掌握好了方向，就要把握住人生创造力最盛的时期，尽全力激发自己潜在的能力，为社会创造所有一切的可能性。我们就如一根蜡烛，要燃烧青春之火，点亮自己的人生，进一步照耀整个社会。不辜负父母师长给予我们的期待，不辜负社会大众给予我们的愿景，我们有着肩负这样重任的职责，要尽己所能一步步去达成，结合每个人民、每个家庭、每个民族，凝聚每一份渺小却团结的力量。

（三）不负时代

现在的时代不像百年前的景况，时时刻刻要做好牺牲奉献为民族奋战、搏斗的准备，我们享受着前人所建造积累的光荣，正因如此，新一代的我们更被赋予了不同的使命及职责，我们仍要追寻前人的步伐，接续他们的精神，再创造一个全新的时代。

1.思想

秉持着祖先们长久以来所坚持的信念，始终跟随着领导人的路线方针前进，不偏不倚，坚定不移。即使人的生命总有一天终将逝去，但是长久传承下来的信念不会消失，自始至终永存心底，并且会继续诉说、继续弘扬推广，世世代代传承下去。

2.实践

提升自我的能力，开发自我，透过不断学习党的历史、国家的法律，积极进取，强化个人的思辨能力、丰富自我的思想认知。实际结合现今所拥有的人力、物力、资源和优势，效用最大化地研发创新，共同打造划时代的进步及发展。

3.对自我的期许

现在的我，刚步入大学，正在编织属于我的青春诗篇。新一个百年的开始，首先，我期许自己在这段求学的路途中用功学习、积极进取，不虚度光阴，不负青春年华，把握每一分、每一秒，把握这个唯一的黄金时期，时时刻刻不断增进自我，所以我必须充分运用现在所拥有的宝贵资源，充实自己的知识量，做好健全完善的正确思想工作，并且妥善规划好学习目标，每一天付出努力去实践达成。其次，除了内在涵养的填充，要注重自身的健康状态，唯有拥有健康的身心，才能进一步去展现长久积累的能量，进一步付出与实践。最后，在未来踏入社会后，我将在工作领域运用以及发挥所学，为了社会、为了国家，跟着领导、跟着方针，全心全力付出。持续学习国家法治，与时俱进；持续进取，汲取各个专业知识，不断扩充自我；持续提升自己的技能，对社会作出贡献，不负时代寄予我的责任。

同舟之情，风雨不改

——给祖国母亲的三封家书

管理学院 企业管理系 2021级硕士 香港 邓家乐

我的父亲是佛山人，母亲是香港人。1998年，在香港回归祖国的第二年，我出生了。中华腾飞，两岸同欢，我的成长轨迹也同祖国发展紧密相连。在中国共产党建党百年这一特殊的年份，我想向您寄出三封存放已久的家书。

八十老太的幸福伊始

亲爱的祖国母亲：

您好！

虽还不曾亲自触摸到您的发肤，却时刻能感受您就在我身边。在夜里仰望星空的时候，我分明觉得我们的天空都挂着一样美的月亮，在惬意的秋天里我享受着从内地吹过来的飒爽凉风，在元朗的流浮山上我眺望着对岸深圳的高楼。

祖国母亲，上个月是我的十岁生日，我准备升小学四年级了，电视上的奥运会直播让我紧张又刺激，哈哈，最近发生的一切都让我觉得太高兴啦。祖国母亲啊，我什么时候才有机会再见上您一面，投入您的怀里，感受您那温柔的怀抱呢。

昨天，我跟八十岁的邻居太太一起看了乒乓球的比赛，赛场上升起了三面中国国旗啊，太厉害了！在中国国歌奏响的那一刻，我情不自禁地站起来，自豪之情油然而生。邻居太太对我说："小乐，现在祖国强大了，香港回归了，我们才真正生活得幸福啊。"我有点不解："咦，赵太，什么是真正的幸福啊？难道还有假的幸福吗？"邻居太太摸了一下我的头，温柔地对我解释道："哈哈，你还小，你不懂我们那个时代人的感受。你知道什么是殖民统治吗，香港没有回归之前都是由英国殖民统治的，明明流着中国人的血，却要被外国人殖民统治着，无论生活多好也不能称得上真正的幸福。更何况啊，以前英国统治我们，我们的社会有好多不公平现象啊，他们口中讲的民主法治我就没见到过多少。所以香港回归后，我才感觉到了真正的幸福。"我听完这番话后，好像也感觉到什么是真正的幸福了。

2008年8月23日

历史书里的自强不息

亲爱的祖国母亲：

　　您好！

　　您知道吗，我正在您温暖的臂弯里生活着！我从初一开始回来内地生活啦，现在就读于家附近的初中。这里的同学都很热情，很温暖，老师也很nice（友善）！尽管才刚开始熟悉环境，但是我有信心在这里开启新的生活。

　　上了初中刚接触历史课，我就爱上它了。历史课本上，有元谋人、北京人、山顶洞人的介绍，也有司母戊鼎、第一张纸币、汉代素纱襌衣的有趣图片，还有秦汉唐宋等朝代的发展历史。以往只是听说过它们的名字，现在我真正了解它们，能跟爸妈侃侃而谈。我不禁被中华民族传承五千年的璀璨历史文化深深折服。

　　在近代史课本的第一课，我便学到了香港被割让的历史。一切都是由一场不义之战开始，而一次正义的虎门销烟则被当作侵略的借口，实在使我不解。我大胆举手提问："老师，他们卖毒品给我们，我们保护国民健康和国家都不行吗？"老师在黑板上简单写下六个字"落后就要挨打"，让我开了窍，鲜血与战争铸就的历史警示国人，发展才能强大。

　　老师语重心长地说道："近代的屈辱史，警惕我们要居安思危，自强不息。我们从艰难的近代熬到现在，靠的是中国人骨子里以爱国主义为核心的团结统一、爱好和平、勤劳勇敢、自强不息、厚德载物的伟大民族精神！"我听完后，立志要成为自强不息、不甘落后的人！我要成为让祖国母亲您自豪的孩子！

2012年9月28日

抗"疫"行动的团结同心

亲爱的祖国母亲:

您好!

您知道吗,我现在在美丽的厦门大学学习!时间如白驹过隙,一转眼这位定期写信给您的孩子,已经从小男孩成长为男子汉。今次想跟您诉说我最近或者说是我这两年深受感动的事。

还记得大三春节时,新冠肺炎疫情肆虐,全中国都弥漫着凝重紧张的气氛。那是我记事以来第一次经历冷清却热闹的春节,冷清是四周街区的冷清,大家都待在家里不敢出门;热闹是网络上的热闹,大家都在网上转发着各种最新消息,当中囊括新增案例、物资资金捐赠、参与救援行动的医护志愿者的故事。不得不说,大家团结起来的感觉真好,发生什么事都能熬过去。

那段时间,打开手机就能看到包裹严密的医护人员不停歇地进行救治,我的母亲、伯母也应召参与到当地的口罩生产工作中,家里一位学医的表姐也坐上了支援香港的大巴,表姐说同胞们手举红旗夹道欢迎他们。磨难面前,我们风雨同舟的坚守,正是我们祖国不断强大的原因之一啊。

最近刚入学厦门就遭遇了一轮较为严重的新冠肺炎疫情,取消堂食、封控管理、六轮核酸,我第一次感觉到身处一线防疫抗疫的"风暴"之中。也正是在这样严峻的形势下,我更深刻地感受到学校师生志愿者对防疫政策的落实是多么有效又迅速。

2021年10月10日

亲爱的祖国母亲啊,正是在中国共产党的带领下,中华民族发生了翻天覆地的变化,取得了一个又一个伟大的成就。在实现中华民族伟大复兴的征程中,作为一名香港地区的青年学子,我立志厚植爱国情怀,传承好中华民族优秀的传统文化,与祖国风雨同舟、同向同行,不断增强做中国人的志气、骨气、底气,不负时代,不负韶华,不负党和人民的殷切期望!

中国没有辜负人民的英雄

人文学院　人文科学试验班　2021级本科　台湾　徐翊瑄

在中华民族危亡之时，一群有为之士聚集起来，以自己的胆识和才学在一片混沌中探索着前进的道路。中国共产党成立距今已有一百周年。百年的历史既是中国共产党诞生、成长的历史，也是中国人民逐步站起来、强起来的历史——中国共产党与中国人民从来就不可分割。

总听说中国人的"朝圣"，应是亲自行到中国的心脏北京，一睹天安门和人民英雄纪念碑的宏伟气魄。2015年我跟随海峡导报记者团游历北京，正是那次"朝圣"使我凝视历史的目光不再止于千千年前的唐宋，第一次停留在近百年的波澜壮阔。

为了与队伍汇合，我和领队记者稍歇在天安门广场。北京7月正午的烈日令人难以忍受，我们四下寻找荫蔽。举目四望，广阔平坦的天安门广场上唯有人民英雄纪念碑赫然耸立，洒下大片阴影，我们立马奔向这片清凉。那是我第一次近观人民英雄纪念碑，碑身上鎏金的"人民英雄永垂不朽"苍劲有力，底座上刻有人民英雄群像浮雕。

从碑身东面起，"虎门销烟"浮雕映入眼帘。愤怒的群众搬运着一箱箱鸦片，鸦片被倾倒在窑坑里焚烧，石灰池中升起浓烟。人群后面塑了许多炮台和待发的战船，那是中国人民准备随时还击英帝国主义的挑衅。群像人物皆神情严肃、动作有力，反抗帝国主义的坚定决心感人至深。

多年后，我在《大案纪实》中读到平远街事件时，那幅"虎门销烟"又忽地从记忆中浮现。1992年，上百名军警在云南省平远街与持机枪、榴弹的毒贩、悍匪作斗争，抓捕惩治了800多名毒贩。这场艰苦的缉毒战直接展示了国家禁毒的力度之大，扫黑除恶、禁毒缴枪的行动也卓有成效。但我深深记得，在毒贩的枪林弹雨中一往无前的苏太德、余明生、庞如宝、高文亮四位缉毒英雄，却永远看不到自己的战绩了。

细想那浮雕，殷双喜先生说过，为了突出人民，浮雕上塑造的近两百个人物形象中没有一个是具体的历史英雄人物。我相信，"虎门销烟"中将毒品倒入窖坑的群像里，有苏太德，有余明生，有庞如宝，也有近百年来无数和林则徐一样为禁毒事业奋斗的人民英雄。

从1958年屹立至今的人民英雄纪念碑默默注视着神州大地发生的一切，"虎门销烟"中的人民英雄们一定也欣慰地看到，在共产党的治理下，中国成为世上禁毒力度最大的国家之一。1950年中央政务院发布《关于严禁鸦片烟毒的通令》，我国开展了声势浩大的严禁鸦片烟毒运动；1990年全国人大常委会发布《关于禁毒的决定》，我国的禁毒工作开始有法可依；2007年全国人大常委会通过《中华人民共和国禁毒法》，我国的禁毒工作有了强力的法律保障。中华儿女正沿着百年前开辟出的禁毒之路勇往直前，中国人民再也不会被"福寿膏"所蒙蔽和荼毒……中国没有辜负人民英雄。

回想起在骄阳下仰望人民英雄纪念碑时的所见，"五四运动"深深激励了我。1919年5月4日，他们高举着废除卖国条约的旗帜，高呼着"外争国权，内惩国贼"，慷慨激昂地行进。人群高处，一个男学生正对周围的人群进行演说；梳着发髻、穿着长裙的女学生，正向市民们散发传单。浮雕所塑人像皆怒形于色，青年学生们誓死保卫国家主权的爱国精神与义愤填膺的情绪弥漫而出。1935年，"一二·九"抗日救亡运动爆发，北平学生高喊着"停止内战，一致对外"的口号，保卫了中国领土的完整。

即使是中国不再受到列强压迫的今天，我们仍然面对着种种困境、机遇和挑战，而五四精神的传承使中国人勇于直面挑战、用一腔热血捍卫祖国。保卫国家领土、保护生态环境、保护国民生命……爱国体现在方方面面。爱国可能听起来很远，需要抛头颅洒热血、用身躯扑挡炸药包。其实不然，爱国可以是疫情中争当志愿者的热心，也可以是每天做好垃圾分类的细心。"国家兴亡，匹夫有责"，爱国行动与每个中国人民息息相关。

犹记我在双十中学读高中的清晨，校园广播播放了有关中美贸易战的早报。当"谈，我们大门敞开；打，我们奉陪到底！"话音刚落，教室里顿时爆发了惊雷般的掌声，原本睡眼惺忪的我霎时清醒过来，热血沸腾。党带领中国人民从内忧外患走向繁荣富强，中国历时百年终于成长为屹立于世界民族之林的参天大树，今日之中国终于有实力向曾经可怖的恶霸作出坚决的回应。"谈，我们大门敞开；打，我们奉陪到底！"——这句有底气有自信的宣言我们等了百年——人民英雄的在天之灵，您听到这宣言时，是否舒展了欣慰的笑颜？

　　2021年我来到梦寐以求的厦大，厦大和中国共产党同年而生，既是浪漫的历史巧合，也是救亡图存的时代召唤。厦门大学从民族英雄郑成功曾经驻扎的演武场上拔地而起，镇守在抵御外敌的练兵之地，注定了厦大与祖国同命运、共呼吸，而红色，是每个厦大学子的底色。我行走在厦大校园，放眼可见许多红色历史文化载体：从校史馆、革命史展馆到陈嘉庚纪念堂，从王亚南、陈景润雕像到罗扬才烈士陵园……这些都将成为我此生珍藏的红色记忆。陈嘉庚先生以"教育为立国之本，兴学是国民天职"为信念，他高远的胆识和爱国的使命感成为我前行的灯塔；走进福建省第一个党支部旧址，罗扬才烈士高唱国际歌走向刑场的峥嵘背影仿佛浮现眼前。厦人的历史是爱国的历史、图强的历史，我扎根于这红色的历史沃土，誓要不忘百年奋斗的历程、不辜负挥洒热血的人民英雄，自强不息地迎向未来。

承前启后，砥砺前行

经济学院　经济学　2019级本科　台湾　苏暐淇

2021年——建党一百周年。一百年来，中国经历了多少的风风雨雨，多少的磕磕绊绊，是共产党人引领了中国人民奋起，共同谱写了彪炳千古的光辉篇章，一百年来，无数共产党人奋不顾身、前仆后继，只为实现心中中华民族伟大复兴的理想，百年征程，中国走出贫弱、走出困境，傲然屹立在世界之林！

共产党成立

一百多年前，积贫积弱的中国处在水深火热中，中国人遭受着封建统治者和帝国主义的双重压迫，被嘲为"东亚病夫"。不甘如此的人民奋起反抗，无数有识之士踏上了救国救民的道路。清末洪秀全等人率先发起的反对清朝封建统治和外国资本主义侵略的农民起义战争——太平天国运动，动摇了封建统治；1911年孙中山领导了辛亥革命，开创了完全意义上近代民族民主革命，推翻了统治中国几千年的君主专制制度，建立起共和政体，传播了民主共和的理念；1919年爆发了五四学生爱国运动，标志着一场新的伟大的反帝反封建斗争的开始，并由此引起了一场广泛的深层次的马克思主义传播运动……一次一次的斗争传播了新时代的思潮，凝聚了一批拥有"中华崛起"理想的英才。

血雨腥风的革命战争年代：没有共产党就没有新中国

1921年，浙江嘉兴南湖游船上，中国共产党诞生，一个新的革命火种在沉沉黑夜中点燃，而中国共产党红船上的开天辟地、敢为人先的首创精神，坚定理想、百折不挠的奋斗精神，立党为公、忠诚为民的奉献精神也永恒流传。中国从此踏上了"站起来"的道路，鲜血染红了的革命道路。

　　1923年中国共产党领导了京汉铁路工人罢工，工人们的鲜血唤醒了中国人民与帝国主义和封建军阀斗争到底从而获得真正的自由和解放的决心；1924年在中国共产党提出的"反对帝国主义，反对军阀"口号下进行了国共合作的第一次国内革命战争，取得了与封建军阀斗争的巨大胜利；"九一八事变"后抗日战争爆发，1937年中国共产党领导了平型关大捷，取得了全国抗战开始以来中国军队的第一个大胜利，打破了"日军不可战胜"的神话；1940年百团大战重击了日伪军的反动气焰，有力地配合了国民党军正面战场的作战，极大地振奋了全国的抗战信心……

　　战争期间，共产党员书写了一个个可歌可泣的故事。年仅十五岁的刘胡兰，在敌人威胁面前，坚贞不屈，大义凛然，用自己短暂的青春年华，书写了"生的伟大，死的光荣"的永恒诗篇；年仅十九岁的战斗英雄董存瑞，为了开辟祖国的胜利道路，高喊"为了新中国"，用身体做支撑点炸毁了敌人的暗堡，献出了宝贵的生命；黄继光为占领敌人阵地，在自身多处负伤的情况下，奋不顾身地用胸膛堵住了枪口，壮烈牺牲……革命烈士虽逝，他们的精神却永垂不朽！战争期间共产党人的爱国精神、井冈山精神、长征精神、延安精神感动了我们，也激励着我们，和平年代我们更要心怀家国、居安思危，以史为鉴，敢于斗争，逢山开道，遇水架桥，不畏困难、奋力向前！

　　没有共产党就没有新中国，1949年10月1日，中华人民共和国成立，开辟了中国历史新纪元。从此，中国结束了一百多年来被侵略、被奴役的屈辱历史，真正成为独立自主的国家！

激情燃烧的建设岁月：生命不息奋斗不止

　　新中国成立以后，共产党人从未停止奋斗。中华人民共和国成立初期短短数年便在科学科技各领域实现了突破，让世界列强不敢妄动中国，而近几年更是在各大领域领跑世界，拥有了举世瞩目的实力！

从1952年新中国成功修建第一条全国产铁路——成渝铁路通车，到2017年"复兴号"动车组的成功运营，中国在高铁交通上实现了自主技术从追赶到世界领跑。

从1956年我国自主生产的第一代喷气式歼击机歼-5首飞成功，到2021年实现国产新一代隐身战斗机歼-20列装人民空军多支英雄部队，中国空军飞出了新时代强国强军的新航迹。

从1957年新中国成立后在长江上修建的第一座公路、铁路用大桥——武汉长江大桥，到2018年被誉为桥梁界的"珠穆朗玛峰""新的世界七大奇迹之一"的港珠澳大桥正式通车，大国制造令世界瞩目。

从1958年中国人制造的第一部通用数字电子计算机的诞生，到2017年世界首台光量子计算机在中国诞生。

从1968年中国首艘自行设计建造的万吨级远洋船——"东风号"建成，到2012年我国第一艘航空母舰"辽宁舰"正式交付海军。

从1969年首都北京开出了新中国第一趟地铁——北京地铁一号线，到如今中国的地铁总里程超过5500公里，运营规模位居世界第一。

从1970年第一颗人造卫星"东方红一号"上天，到2021年神州十三号搭载中国空间站第二批客人顺利升空……

所有的一切在共产党的英明领导下进行得有条不紊，国家由百废待兴变得繁荣昌盛，我们为之无比自豪。谁能想到，百年前嘉兴南湖上的那艘小小红船已然承载着人民的重托、民族的希望，越过急流险滩，穿过惊涛骇浪，成为领航中国行稳致远的巍巍巨轮！但我们还要看到，这一系列成绩的背后是无数令人崇敬的共产党人的汗水与鲜血，其中最令人动容的莫过于"两弹一星"元勋们的事迹。

1964年中国成功爆炸第一颗原子弹，成为世界上第五个拥有核武装的国家；1967年中国第一颗氢弹爆炸成功，成为世界上第四个掌握氢弹技术的国家——这正是令中国在中华人民共和国成立初期真正安稳下来、不被列强觊觎的底气。底气源于一批人默默无闻、埋头苦干：有被美国软禁5年、45岁辗转回来建设祖国的爱国科学家钱学森；有隐姓埋名为国科研、后又只身入险、手捧核弹头受到强辐射而早逝的邓稼先；有飞机失事时，烈火焚身却至死也与身旁警卫员紧抱在一起、用两人的身躯保护机要文件的郭永怀……有太多太多的先驱者，无数人的前仆后继让中国一步步强起来，他们的故事三天三夜也说不完，我们新时代大学生要时常温习前辈们的精神，走向科学的路上、走在未来的路上不忘时时刻刻向前辈看齐！

波澜壮阔的改革开放：经济腾飞，儿女团圆

改革开放是决定当代中国命运的关键抉择，1978年十一届三中全会决定把全党的工作重点转移到社会主义现代化建设上来，揭开了社会主义改革开放的序幕，中国走上了富起来的道路。

1992年，邓小平发表"南方谈话"，指出要"解放生产力，发展生产力，消除两极分化，最终达到共同富裕"。对中国的经济改革发展、社会进步、现代化建设起到了关键的推动作用。改革开放40多年来，中国经济实现了持续、高速增长奇迹。经济总量迅速扩张，国内生产总值增长，基础设施和基础产业大加强、对外经济大开放，实现了从温饱不足到全面建成小康社会的历史性跨越。此外，中国人民的精神和文化生活也发生了翻天覆地的变化。中国共产党的英明方针造就了现代中国的一片欣欣向荣，也因此得到了人民群众的无限拥护和支持。

1992年海峡两岸达成"九二共识"，奠定了海峡两岸全方位、宽领域、多层次的大交流基础；1997年7月1日零点整，香港回归；1999年12月20日零点整，澳门回归。这些既是中华儿女团圆的心愿，也是共同发展与繁荣的基础。国家统一的历史进程终有一日会实现，作为新时代中华儿女的我们衷心祈愿大团圆的到来。

砥砺奋进的新时代：日新月异，唯有奋斗

党的十八大以来，中国特色社会主义进入新时代。2021年中国共产党带领中国人民如期实现全面建成小康社会的任务，如今已踏上了实现第二个百年奋斗目标新的赶考之路。

2020年，人均国内生产总值（GDP）超过1万美元，形成世界最大规

模中等收入群体；京津冀协同发展、长江经济带发展、粤港澳大湾区建设、长三角一体化发展等区域新发展；自贸试验区不断扩容、取消外资逐案审批制……更加协调发展，更加主动开放，我国经济发展迈向新时期。

"绿水青山就是金山银山"，新时代经济发展的同时更重视生态文明建设，随着实施长江"十年禁渔"、绿色出行、大力发展绿色新能源，经济发展与生态治理在相互滋养中将开辟更多空间。

从"嫦娥"探月到"长五"飞天，"蛟龙"入海到北斗组网，再到2019年建成全球规模最大的5G独立组网网络，越来越多关键技术走进世界前列，加之逐步完善科技奖励制度，我国创新活力持续迸发，新兴产业带动新发展前景宽广。

面对突如其来的新冠肺炎疫情，以习近平同志为核心的党中央团结带领全国各族人民，果断实施了科学防控措施，做到"应收尽收，应治尽治"，绝不放弃任何患者的宝贵生命，并且医疗费用全部由国家和地方财政承担——这是中国共产党执政为民理念的最好诠释。在中国共产党的正确领导下，14亿中国人民精诚团结，有效阻断疫情的扩散渠道，使中国人民在抗击新冠病毒战争中取得了伟大胜利。

正是由于中国共产党以人民为中心，实现了最广大人民的根本利益，得到了全中国人民的拥护和爱戴。中国共产党走在了令人信服的道路上，一个为人民做实事的政党没理由不取得成功。生活在如此安全、可靠、充满希望的中国，是我们这一代人的幸福，而作为新时代的青年，我们也要以实现中华民族伟大复兴为己任，为创造更加美好的国家、社会、生活奋斗，紧跟上可敬的前辈们的步伐，道阻且长，行则将至；征途漫漫，唯有奋斗！

结　语

百年沧桑，中国共产党遭遇了无数的艰难困苦。从血雨腥风的革命战争年代，到激情燃烧的建设岁月，从波澜壮阔的改革开放，到砥砺奋进的新时代，一代代共产党人高举社会主义伟大旗帜为国家富强与人民幸福而奋斗。

　　"未来属于青年，希望寄予青年。"正如习近平总书记发出的号召，作为新时代中国青年的我们，必须增强忧患意识，居安思危，以史为鉴，要以实现中华民族伟大复兴为己任，增强做中国人的志气、骨气、底气，不负时代、不负韶华，昂首阔步迈向建设社会主义现代化强国新征程！

让理想之光不灭 让信念之火永存

经济学院 国际经济与贸易 2020级本科 香港 姚淑敏

我们生于华夏，生在这盛世，长在春风里，长在五星红旗照耀下的中国，都因为曾经有无数伟人在那个没落的旧社会时依然奋斗，才造就了如今繁荣昌盛的新中国。每当鲜艳的五星红旗徐徐升起，在空中迎风飘扬；每当激昂的国歌渐渐奏起，在耳边回旋，我们都肃然起敬，怀着敬佩之心，千千万万中华儿女的热血都在澎湃地沸腾着，都在由衷地感谢百年前的英雄人物。

2021年，是特殊的一年，是值得纪念的一年，也是让人深感现今的生活来之不易的一年，是中国共产党成立的一百周年。

一百年前，那是一个动荡不安、人民步伐不一致的艰难时代，太平天国农民战争和资产阶级领导的辛亥革命没有彻底改变中国混乱不堪的面貌。有人愚昧无知，有人迷茫不前，有人企图复辟帝制，同时也有一大批青年先进分子开始探索救国救民的新出路。

1920年2月，李大钊先生冒险将受到警察缉捕的陈独秀先生送出北京，路上，两人约定，分别在北京和上海等多地筹建党的组织，史称南陈北李相约建党。2021年热映的革命历史剧——《觉醒年代》里有一个场面让我印象深刻同时倍感震撼。陈独秀先生和李大钊先生在途经天津南下上海时，在河边，看到流离失所、衣不蔽体的百姓们，听到义和团幸存者悲怆的发问。在当时漫天风雪中他们无比悲怆，抱头痛哭，同时也坚定了二人要建立一个能凝聚力量的组织和领导核心的无产阶级政党的信念。虽然这部讲述建党史的电视剧，故事发生的时代距今已隔百年，仍深受青年人的喜爱。因为我们都希望成为肩负民族复兴大任的新青年，成为斗志昂扬的新青年。

"以青春之我，创建青春之家庭，青春之国家，青春之民族，青春之人类，青春之地球，青春之宇宙，资以乐其无涯之生。"李大钊先生的这些话引起了我对青年的思考。一代青年有一代青年的使命，百年前，一群和我们差不多年纪的青年人为了国家兴亡和民族振兴抛头颅洒热血，穿越百年时空，革命先烈们"为天地立心，为生民立命"的国家情怀和"虽千万人吾往矣"的革命品质仍还深深地感染着新时代青年，今天的我们为先辈们初心之纯、主义之真、理想之美、信念之坚所感召，为他们追求真理的赤子之心而热血沸腾。这段激荡着青年人热血的岁月应该被我们牢记，因为我们看到的不仅是历史，更是我们以后人生道路上为之奋斗的鲜明旗帜。

作为中国共产党主要创始人之一和马克思主义积极传播者——陈独秀先生，认为新青年应该达到以下六个标准，在这里，我也想简单阐述一下我对这些标准的个人见解。

第一，自主的，而非奴隶的。这是关于当代新青年的人格形态。现代网络之发达、信息传播之快速都在时时刻刻影响着我们这一代青年的独立思考。第十八次全国国民阅读调查显示，2020年我国成年国民人均每天手机接触时长为100.75分钟。沉迷手机的人渐渐失去了自我思考的能力，手机最开始发明的时候，是为了方便我们的生活，但不知从何时起，我们越来越依赖手机，甚至变成了手机的奴隶。不可否认，手机给我们的生活带来了极大的便利，但过度依赖手机会让我们渐渐放弃思考，失去主动意识。从今天开始尝试着放下手中的手机，多读书，多运动，多提升自己。我们不要做手机的奴隶，我们要翻身做主人。成为自己时间的控制者，不让时间浪费在一个个小视频上。

第二，进步的，而非保守的。这是关于当代新青年的社会观念。

第三，进取的，而非退隐的。这是关于当代新青年的人生态度。近年来兴起的网络流行词——"内卷"，被许多高校学生用来指代非理性的内部竞争或非自愿竞争，指同行间竞相付出更多努力以争夺有限资源的现象。相信每一位步入大学的青年，都会有或者即将迎来一段迷茫的时期，会经常思考："我是谁？""我会成为一个怎样的人？""我对这个社会能有什么贡献？"简而言之，就是寻求我们活着的目标、生存的意义。积极的青年都不希望自己停步不前，我们都想拥有更多的，拥有更好的。

可能我们永远无法为现在的自己而感到满足。青少年的焦虑和迷茫来自欲望和惰性的差距。欲望太高，惰性太强。如果我们的目标很明确，我们要做的就是没有惰性，所有的迷茫和困惑都没有那么难被解决。自然而然，内卷也会消失不见。或者换个说法，内卷也不会再影响我们了。

第四，世界的，而非锁国的。这是关于当代新青年的民族视野。青少年应该认同本民族文化，尊重其他民族文化，相互借鉴，求同存异，尊重世界文化的多样性，共同促进人类文明繁荣进步。经济全球化等概念风靡传播，在日常生活中，我们更经常更容易接触到外国人。在与外国人相处的时候，要乐于分享我们中国文化，传承本土文化。同时对他国文化也要抱有包容之心，不排斥、不歧视。

第五，实利的，而非虚文的。这是关于当代新青年的伦理尺度。强调了现代社会利益由个人利益集合而成，自立心和公共心为经济之两大砥柱。青年的个人发展不仅是个人的生存需要，同时也是社会进步的重要标志。从历史上来看，社会的进步必然始于个人之思想启蒙，后群体之觉醒，最后全社会发生翻天覆地的变化。所以我们每一个人渺小的进步，都在成就这个世界伟大的一切。脚踏实地走好自己人生的每一步，便是对自己负责，对社会负责。

第六，科学的，而非想象的。这是关于当代新青年的常识标准。有一句话一直警醒着我——"理想很丰满，现实很骨感。"天马行空的创意可以有，但也要依靠行动力。社会要走科技创新之路，去提高劳动生产率。身处高速发展、快速进步的时代，我们要依靠知识、依靠科学跟上社会发展的步伐。要知道这正是变化的动力，从停滞的低谷、机会渺茫的地方走出来，便是柳暗花明又一村。

以上的个人见解只从某一两个角度出发，未能概括生活的方方面面。但我相信，现代的新青年有足够的聪明才智，能够从中有所感悟，并举一反三，应用在我们的日常生活中。

回望悠悠的历史长河，从1840年鸦片战争到1900年八国联军侵略中国那一段惨淡的历史，英国"割占"香港、日本侵占台湾、英法联军火烧圆明园，心中感慨万千。一样的是无论前方多么困难重重，中国人一定不会退缩，一定会勇往直前。

　　一百年来，无私精神生生不息，光芒永照。每一代青年都能将无私精神与时代要求紧密结合并不断创造。中国精神，已经成为当代青年投身改革开放和民族复兴伟业的思想动力，而传承中国精神更是一代又一代青年人义不容辞的历史使命。当代的青年虽不再面临血与火的直接考验，却更多地经受着浮躁气息、功利之风的冲击，无论何时都要将信仰扛在肩上，让它定位自己的精神坐标。

　　在新时代中，我们仍需要对祖国心怀感恩，有担当。无论何时，都应该时刻谨记，有国才有家。我们应该庆幸自己生活在这个时代，我们今天的幸福安稳，是无数先辈用热血、用生命换来的。我们应该把这种爱国精神传承下去，让爱国主义情怀不仅内化于心，还能外化为行。不管我们走到哪里，血脉都与国家相连，根紧紧扎在中华大地。也坚信，用自己的双手可以让国家更美好、更富强。

写给1997年的自己

外文学院　英语　2018级本科　香港　柯若琳

亲爱的自己：

　　你还记得你小学的时候乘着大巴从福建到香港，满心雀跃地期待去香港海洋公园，那是你第一次去主题公园。这时，从小就在香港定居的姑姑突然问了你的生日，你如实回答后，姑姑有些许遗憾："那就不行咯。"当时的你不免有些失落。后来你才知道，原来这个在1977年就开放营业的主题公园，为纪念香港特别行政区于1997年7月1日回归祖国，为1997年7月出生的孩子们免去了门票费用。

　　长大之后，就像许多向往香港生活的人一样，你随着家人搬迁到了香港，期待在这个国际化的大都市开启一段新的生活，在一个月里，你将香港的公共交通线路烂熟于心，到中国银行大厦楼下仰望华裔建筑大师贝聿铭的杰作，到太平山上将香港岛的华美夜景尽收眼底，到紫荆花雕像前看中华人民共和国国旗和香港特别行政区区旗一起在风中飘扬。你在车水马龙之中穿梭：你乘坐双层电车，看着路边的居民楼高耸地拥着你；你乘着巴士，从步履匆忙的路人旁驰过，也掠过一座座香港高等学府，那几秒的空间重合，让你感到这些学府似乎有些遥不可及。

　　你也忘不了自己曾在餐饮店打工，同事中有一位玩摇滚的时尚姐姐，眨着眼睛和你说："我觉得内地的居民私宅建筑非常有创意，也觉得那里的工作机会非常多。"在每日用普通话和你对话之后，她满脸骄傲："我觉得我的普通话都进步好多！"因此，在香港备受折磨的那段日子里，你常常会想起这个姐姐，也会感慨："不知道那些年轻人中有多少曾享受过香港海洋公园的免费门票呢？"

　　在面临选择大学时，你决定回到家乡福建，在厦门大学开始了自己的另一段新的征程。享受着学校的优秀资源，接受了来自老师的亲切指导，在图书馆奋斗的你，常常会心怀感激，感谢自己的这个决定。因为在厦门大学完成的一个个挑战，已经被书写成了个人经历中丰富的一段又一段，申请香港学府变成了一件理所应当的事情。毕业之际，决定回到香港，是为了更加地了解香港的人还有香港的事，你也期望能将自己的故事分享给将来在香港结交的朋友。

不久之前的你，看着综艺节目中香港艺人被网友亲切地称为"大湾区哥哥们"，你欣慰地知道了，不论是要到香港发展，还是在内地发展，其实是一个十分灵活的决定，因为去香港再也没有之前那样难，在厦门便可以乘坐动车直达香港。也有越来越多的香港人看到了内地现在的变化，愿意搬迁到内地的城市居住、生活、工作，不论是在哪一个角落，他们总能找到自己理想中的生活模样。

回首百年奋斗路，这段百年路可以被看成由许多条大大小小的路程汇聚而成，而香港特别行政区的回归更是其中极其重要的一段路。迈向复兴新征程，看着如今香港朝着越来越好的方向改变，我知道，你正在愈加期待将来的景象，也期盼未来在香港完成研究生学业的你，继续自己新的征程，因为个人的征程总是和祖国的征程交织着，顺着那个充满希望的方向往未来延伸。

祝好！

柯若琳

2021年10月16日

来路浩荡激我心，前路苍茫砥砺行

人文学院　人文科学试验班　2021级本科　香港　吴心妍

都说时代匆匆，但时代哪有脚，走的总是人。一百年前，在浙江嘉兴南湖的红船上，一群有志青年聚集在此，召开了中国共产党第一次全国代表大会，1921年7月23日，中国共产党成立了。中国共产党的成立，是中华民族历史上开天辟地的大事，为在水深火热中的中国人民带来了光明与希望。

时代在不停地变化，社会在不停地发展。从一百年前落后封建的旧中国到如今先进开放的新中国，百年时间过去了。百年里，中国共产党领导中国人民取得了抗日战争、解放战争、抗美援朝战争的胜利，为中国人赢得了国际地位和尊严。

百年前，我们的先辈在枪林弹雨中拼命，为我们换来了一个和平安定的时代；四十年前，我国实行改革开放，建立了繁荣富强的新中国。哪有什么岁月静好，不过是有人在替我们负重前行。今天的中国，已经是一个强大的中国。不久前，孟晚舟女士回国，她在机场的一番话，令无数国人落泪，她说："感谢亲爱的祖国，感谢党和政府，正是那一抹绚丽的中国红，燃起我心中的信念之火，照亮我人生的至暗时刻，引领我回家的漫长路途。"孟晚舟事件让我们清楚地看到了祖国的强大，如今的中国不再是签订《辛丑条约》时那个任人宰割的中国了，我们强大了，我们的人民有了尊严和安全。正是在中国共产党的带领下，我们的国家才能蒸蒸日上。"你所站立的地方，正是你的中国；你怎么样，中国便怎么样；你是什么，中国便是什么；你若光明，中国便不黑暗。"行进中的中国，给了我们最大的底气。正是这份底气，我们有了屹立在国际舞台的胆量和自信。

我们所处的时代，是一个和平安宁的时代。我成长在祖国大陆，见证了十几年来祖国大陆的发展变化，在中国共产党的带领下，落后地区脱贫脱困，中国人民日渐富裕，全面实现小康，这是新时代的变化和发展，是无数人共同努力创造出来的成果。身为新中国最新一代的青年人，我们要扛起身上的责任，为祖国的发展作出贡献。我们是历史的眷顾者，是新时代的青年人，唯有我们扛起肩上重责，才能实现中华民族伟大复兴，迈向新征程。

庚子年初，新冠病毒肆虐，九州大地黯然失色，有的人生命永远留在那个冬天。从最初的惶恐到后来的井然有序，体现了我们国家强有力的指挥。对比西方国家，我们的行动和反应都相当迅速，避免了一定程度上的损失。我们不肯放弃任何一个生命，国家公费治疗新冠病毒肺炎患者，将人民的生命安全放在最高地位。疫情也让我们看到了人间的大爱，看到了中国人骨子里的温良。面对可怕的病毒，有那么一些人，他们挺身而出，他们中有24小时连轴转的医护人员，有下错站滞留武汉而成为志愿者的大连小伙，有自愿组成接送医护人员回家的车队司机，有日夜坚守在岗位上因过度劳累而殉职的警察……他们是"最美逆行者"，是这个时代最可爱的人。

"我们咬紧牙负重前行，是因为我们正是这被历史选中的一代。"回首百年奋斗路，我们敬重先辈，向他们学习，学习他们的大无畏精神，我们是新时代的青年人，是国家建设的中坚力量，当我们真正能扛起肩上的责任时，我们才能迈向复兴新征程。

纵观往事，望今朝；回首容易，复兴难；回首往事千万次，誓将复兴临世间！

回首百年奋斗征程，展望未来香港同行

管理学院　会计学　2020级本科　香港　吴蔚男

2021年是中国共产党建党一百周年。回顾这段历史，中国曾经历了最黑暗、屈辱的时期，也迎来了前所未有的繁荣、昌盛的时期。中国共产党就像是一道划破黑暗的曙光，始终保持着旺盛的斗志与坚毅的意志，领导中国人民无畏险阻、披荆斩棘，终让中国屹立于世界民族之林。

百年奋斗，大国崛起

靡不有初，鲜克有终。中国共产党在嘉兴南湖一叶小舟上成立，中国共产党人举拳庄严宣誓要以"全心全意为人民服务"为宗旨，以实际行动证明了"不忘初心、牢记使命"的誓言。它从火光中来，经历了血与火的洗礼，最终让一个四分五裂的国家实现统一，让中华民族重新站了起来。

中国不再是谁都能欺负的弱国，中国人民的腰杆直起来了！独立自主研制"两弹一星"保卫了中国人民的安全、维护了世界的安全，使中国的国际地位得到提升；载人航天技术不断成熟，神舟飞船在宇宙遨游，承载中华儿女千年飞天梦；面对港澳台问题，中国创造性提出"一国两制"这一伟大决策，于1997年、1999年分别恢复了对香港、澳门的主权，结束了屈辱殖民统治，港澳重新回到了祖国母亲的怀抱，共同书写新的篇章；进入千禧年后，中国加入世贸组织，不仅促进了中国经济发展和社会进步，也对世界经济发展产生深远影响；2008年，第二十九届奥运会在北京召开，吸引了全世界的目光，中国向世界展现了中华文明的源远流长与博大精深，民族自豪感在每个中国人心头油然而生；港珠澳大桥通车大大缩短了粤港澳三地的时空距离，更加高效地促进了人流、物流、资金流、技术流等创新要素的流动与配置。

作为千禧一代，我们出生在一个和平又富足的年代，没有经历过那些苦不堪言的日子，但每每听到祖父辈口中那句"没有共产党就没有新中国"，听他们讲起从前艰苦奋斗的日子，便会愈发感到现在美好生活来之不易。从过去的"东亚病夫"到现在的大国崛起，从来没有"容易"二字。近日，感触最深的便是孟晚舟女士时隔三年平安归国。祖国、中国共产党不会放弃任何一位中国公民，这让每一个中国人都感受到了祖国的强大与温暖。

不忘初心，香港同行

在这建党百年，迈向新时代、新征程之际，香港作为中国不可分割的部分，应积极融入国家发展大局，为社会发展铺路架桥。

新时代已经来到，新征程已经开启，香港也应为了国家新的百年目标而奋斗。作为全球重要金融中心、自由港，香港应充分利用自身优势、特色，推进粤港澳大湾区建设，探索新的机遇与市场，粤港澳三地互惠互利联手走向国际舞台。香港借助于得天独厚的地理优势、"一国两制"的制度支持、祖国的关怀爱护，有信心可以创造下一个属于自己的黄金时代。

作为香港青年学生，在祖国内地读书我深刻感受到祖国的强大：经济上的迅速腾飞、走在世界前沿的创新科技，以及新冠病毒肺炎疫情下的中国速度、中国效率等，方方面面都让我心生无限的民族自豪感和自信心。作为一个在内地的香港青年，我会谨记习近平总书记致厦门大学建校100周年贺信所说，更自觉担负起推动两地文化交流的责任，为增强中华民族凝聚力和向心力作出自身贡献。在享有国家提供的优惠待遇的同时，与新时代同向同行，爱国爱民，努力学习，锤炼品德和能力，勇于创新，为国家发展贡献青春力量。

回望百年又前行

管理学院　会计学　2019级本科　澳门　袁嘉睿

回望百年前，当星星之火开始在中华大地上燃烧时，一点星火也将南粤大地给点燃。在广东这片热土上，曾有无数的人为了革命事业而奋斗，那时的他们正风华正茂，那时的他们只有一个目标便是实现中华民族解放。如今回望那一段峥嵘岁月，也如电影片段一般接连而过。而百年已过，新的征程又需要我们来继续书写。

还记得有那么一段最悠闲的时光，我常一个人漫步在珠海的情侣路上，走过渔女便能够眺望着远处的日月贝，再把目光放得远一点，便能看见一条长龙卧在海上。我每次都会被如此宏大的中国工程所震撼，港珠澳大桥不会因为遭受狂风或是暴雨而轻易动摇，它总是静静地躺在海上却气势如虹。它就像是我们新中国的一个缩影，很年轻、很庞大却能够平和地对待外部的环境。这样的魄力和气势只有那丰厚的底蕴才得以呈现出来，而铸成这一切的便是那历经百年的征途。

站在原地轻轻将眼睛合上，我很难真正地去感同身受那一段岁月究竟是怎样，却总是不禁遐想。在那一个万马齐喑的时代，一群青年带着他们的一腔热血和坚定的信仰，带领中华民族奋起反抗。当星星之火开始在中华大地上蔓延起来，那时的他们便坚定了初心和使命，即为中国人民谋幸福、为中华民族谋复兴。

再次睁开眼望向如今已经翻天覆地的珠海和澳门，又不由自主地想起曾经有一位老人站在海岸的另一边，他跟我一样眺望着那时的小渔村，然后轻轻地画了一个圈，而正是这一个圈，一座城市拔地而起。"南方谈话"的内容我也在高中历史课本中阅读过，那是老一辈领导人在迷雾中摸索出的发展方向，而正是因为搭着这一班顺风车，整个广东也走上了飞速发展的道路。那时的他们在回望着过去的教训，从而得出了新的发展方向，他们找到了属于中国自己的发展道路，而不是一味地去模仿和复制，他们知道只有走中国特色社会主义道路，才能够获得整个中国的发展。

又一次合上了眼，用心去感受四十多年来的发展给整个南粤带来的蓬勃发展，我真心感谢祖国创造的巨变，也同时为港澳能够回到祖国的怀抱而骄傲。

风起南海，潮涌珠江，三天一层的深圳国贸，广州的小蛮腰，再到如今的平安金融中心，大湾区的天际线在一次次被刷新。湾区内每天都有着不一样的发展，无数的灯光秀以及湾区内形成的交通网，无不标志着近年来湾区建设所取得的重大成就。正因为这样的勃勃生机，我们粤港澳三地的青年能够有更多交流的机会，港澳青年能够真正地来到内地看看祖国大地这百年以来的飞速发展。南粤从百年前的革命摇篮到如今的世界级湾区，这之中少不了我们对于新发展方向的摸索，我们也从未止步于改革开放所带来的红利，而是更加放眼未来去找到更好的发展道路。

最后一次睁开眼，太阳已经与海平面齐平了，海风吹过脸颊好像还有些凉意，这时候的眼角却湿润了起来。可能从小到大生长在内地没有太多对比，但是真正回到了自己的家乡还是能够深感祖国母亲的关怀。在新时代的进程中祖国大陆没有将港澳台地区的同胞给忘记，而是更加惦记着我们，粤港澳大湾区让我真真切切地体会到了祖国的发展是如此近在身边，横琴岛的各种优惠政策给予澳门的年轻人很多的发展机会。所以有一种信念始终都埋在我们的心里，那就是为中华民族的伟大复兴尽自己绵薄之力。

其实，作为新时代青年的我们生活在这样一块如此繁荣的土地上，是百年前的青年远不及的生活，遭受压迫的他们知道了只有不断地反抗才能够实现复兴，而百年后的我们又怎能坐吃山空呢？要知道实现复兴的路还很长，只有真正地懂得齐心协力才能完成这一伟大的目标。

时间的轮轴还在不断地转动，新的百年又再次起航，回望着过去前辈们所做的一切，再想想自己如今所过的生活，我们是时候迈起大步走向实现中华民族伟大复兴的新征程了。

回首过去·脚踏当下·展望未来

管理学院　会计学　2020级本科　香港　吴盈盈

回首过去

回首过去，我听见1921年嘉兴庄重肃穆的坚定宣誓，我听见1927年南昌起义的第一声枪响；回首过去，我望见1949年中华人民共和国的五星红旗在天安门广场冉冉升起，我望见1964年中国制造的第一颗原子弹爆炸；回首过去，我感受1997年香港回归祖国的喜悦，我感受2008年北京奥运会成功举办的骄傲。

曾经的我们，以为闭关自锁便能安居乐业；曾经的我们，只是案板上被列强瓜分却无还手之力的鲜肉；曾经的我们，只能在黑暗中不断找寻复兴祖国之路。1921年，嘉兴南湖上的小小红船，承载起民族的新生与希望，中国革命在这里翻开新的一页，最终成为改变中国历史以及未来的澎湃力量。抛头颅，洒热血，无数的牺牲没有白费，国旗在天安门缓缓升起，中华人民共和国终于在1949年成立！我们看到，一颗新星在世界东方冉冉升起。

我们在中国共产党的坚强领导下，终于找到了新中国真正的出路。1978年12月，新的口号响彻华夏大地——我们要改革，我们要开放！这一决定是那样重要，为实现中华民族伟大复兴的中国梦打下了坚实的基础。没有事情可以一蹴而就，所有的进步都在努力中产生。我们实事求是，在实践中不断试错，不断改正，团结一致向前看，取得成就，终于能够响亮清楚地告诉自己："中国人民站起来了，也富起来了！"我们看到，改革开放的成果在前进路上绽开耀眼的光。

看到那光了吗？那明亮的、闪烁的光！它代表着，祖国不再落后，我们已经有了前沿的科技。互联网的发展，电子支付的普及，让我们可以用手机完成交易；载人航天技术发展迅速，中国成为美俄以后第三位自主研发载人航空飞船的国家，天宫空间站也在一步步建设……我们拥有世界上最大规模的完备的交通网络，逢山开路、遇水架桥，高速铁路的发展，缩短了城市与城市间的时空距离；我们有优越的社会主义制度，《中华人民共和国民法典》的颁布，是中国特色社会主义法治建设的重大成果，"全国一盘棋"的战略部署，为打赢疫情防控阻击战提供坚定指引；我们有不断完善的教育体系，坚定走在建设"教育强国"的道路上，受教育人口比例在不断增加。

我们的国家在党的领导下，终在时代的漩涡中脱颖而出，我们的国家在党的领导下，终成为世界一颗伟大闪耀的星。

脚踏当下

一百场冬，一百场梅红雪白；一百场春，一百场繁花似锦。百年年岁在雾气中消散，今日之中国，是否是1921年的你们幻想的模样？现在的中国青年，是否还在做当初的你们梦寐以求甚至为之奋不顾身的事？

我想，2021年的中国，已然做到了！我们来到了一个全新的时代，这个时代，它不仅是崭新的，它不仅代表着"全方位、开创性"的成就推动国家发生了重大历史变革，它更意味着中华民族在久经磨难后迎来了从站起来、富起来到强起来的伟大飞跃！

轻轻抬眸，看向窗外，一个美好富饶的世界映入眼帘。这是国家进步带给我们的，这是党的领导带给我们的。我依稀记得，奶奶曾说，曾经的中国贫穷，家里吃不起，穿不起，有时候连生活的基本需求都无法满足。但我也知道，现在的我们，不仅过上了比曾经富饶许多的生活，也有了更多的发展机会。我们身处一个人人有梦、人人成梦的年代，又如何可以不努力生活、不努力为党和国家作出自己的贡献呢？

中国人不会停下前进的脚步。伴随着新时代的到来，我们有了新的使命与新的征程，不仅推进中华民族伟大复兴，还将"伟大斗争、伟大工程、伟大事业与伟大梦想"紧密联系起来，并赋予了国人为实现中国梦继续努力拼搏的强大信念与力量。虽然，我们清楚，征程漫漫，在我们面前的这条路，也许并不平坦，也许伴着迷雾，也许铺满了泥泞与荆棘，也许需要搏斗与厮杀，但我们依旧会凭着永不放弃的决心，坚定不移地踏着步伐，勇敢地走下去。我们愿意为育我成才的祖国付出自己的努力，我们也坚定地相信，在一代又一代人的努力下，中国梦终将完完全全地实现。

展望未来

　　时间的金沙在细碎的光阴里匆匆流动，历史的长河在奔腾的岁月中不断向前。龚自珍曾说："灭人之国，必先去其史；隳人之枋，败人之纲纪，必先去其史；绝人之才，湮塞人之教，必先去其史；夷人之祖宗，必先去其史。"我们深知，历史乃文明之本。过去，现在，乃至未来的中国人，都永远不会忘记备受屈辱的历史。铭记历史，是为了致敬和缅怀先辈，砥砺奋进，开创未来。我们不会搞强权霸权、欺凌弱小，但也绝不容许历史悲剧重演。我们深知，只有自己不断强大，欺凌和割裂才永远不会再在我们的身上发生。与此同时，我们会让全世界明白，中国不接受也不会被分裂，香港、澳门和台湾自古以来就是中国不可分割的部分，我们是团结的一个整体。

　　我们也懂得，生活不仅有"眼前的苟且"，还有"诗和远方"。作为新一代的青年人，作为祖国的栋梁，我们懂得自强，我们清楚地认识到，祖国的现在与未来掌握在我们的手上。展望未来，在我们的努力下，祖国不仅会变得更加团结，更加富饶，也会愈发成熟，愈发强大。在这个奋斗与收获的年代，我们会为中国梦不断努力拼搏，我们会汇聚成推动石块前进的河流，并最终汇成汹涌的大海。我们是一首完整的《义勇军进行曲》，是一面高高飘扬的五星红旗，我们是一代又一代团结的中国人！

人生转眼五十年，游子终得归故里

人文学院　哲学系　2021级博士　台湾　廖维骏

在人生的旅途上奔走，虽然年近半百，但最终辗转回到了祖国大陆的怀抱。在我的记忆及家谱内记载，自清末民初开始我家祖上三代皆为军人，曾祖父加入孙中山先生的革命事业，在广西、广东一带为革命事业奔走。祖父年少时即投身军旅，为黄埔军校六期毕业，抗日战争时历经淞沪会战，所属营部于富春江撤退后即转调装甲学校，后被派至中印边界驰援英军打通边界运输通路，抗日结束后随部队到了台湾。早年因物资缺乏家境贫寒，父亲虽然当年高中毕业成绩优秀，但是没钱上大学，便遂祖父之愿同样从军去，然今父亲已退伍多年，现八十岁于台北安享天年。

我自小出生成长于眷村，对于家乡情怀尤深，且年幼时常听曾祖母及祖母讲老家的种种情景，耳濡目染，虽未能亲历其境却能感同身受。常常听到老人家们讲述抗日战争颠沛流离的日子，老家的山，乡村的水，祖上的院落及家中的亲人，这便让我自小在心中有着要回老家落叶归根的心愿。

在我年轻的时候，大约二十一年前，我在英国念书，交了一个北京的女友，她跟我讲了很多关于国内及北京的事，因此在我硕士毕业的那个暑假，我跟她去了趟北京，见识了紫禁城、天安门及王府井大街。但重点是，同时我也去了一家媒体公司应聘工作，我还记得来面试我的是一位公司副总，年约四十的女士。我们聊了很久后，她说："我们非常欢迎您来我们公司上班，您的待遇是月薪五千人民币，另外再免费配一台脚踏车及一间公司宿舍，公司在西三环，宿舍在西四环，骑车上班大约二十分钟。"后来，我回去想了两天后回绝了这位女士，这是我第一次错失进入大陆发展的机会，现在回想起来很是后悔。

从英国回到台湾工作三年后，我的大学同学在东莞工作，他邀请我去他的公司上班，年薪开给我二十万人民币，这大约是在十八年前，但最后因为考虑到台湾的女友问题而作罢，这是我第二次错失进入大陆发展的机会，现在回想起来更是后悔。人生有很多事情不能重来，同一件事情如果上天愿意给你三次机会的话，更应该要珍惜与把握。虽然事隔多年，目前我也已经四十八岁了，但我在今年4月时收到了来自厦门大学哲学系博士班的录取通知，我知道第三次的机会已经到来，也就是这一次机会（也可能是最后一次机会），我不会再错过了！如果我再错过，恐怕连祖先都不会原谅我。因此，我在一个月内考虑到所有进入大陆的大小问题，包含自己的学业、未来的事业发展、孩子的读书学习、老婆的意愿以及选择未来安家所在等问题。做了全盘性的了解及计划后，8月7日就从台湾直飞上海入境，这次即使是碰上新冠病毒肺炎疫情也不能阻挡我进入祖国大陆的决心。

虽然这次进大陆可谓历尽艰辛，但我这次一定要紧紧把握住，不能再错过了。从台北出发到上海，再从上海转到浙江嘉兴，又从嘉兴转到杭州，最后从杭州回到厦门，1000公里的回归路程，外加21天加7天的隔离期，仿佛是在考验我第三次回到家乡的意志与决心。8月7日进上海，到9月25日在厦门，其间总共累计做了30次核酸检测，在台湾学生当中可谓前所未有啊。其实，这次回到大陆这段经历是十分宝贵与难得的回忆，恰逢中国共产党成立百年庆，同时也是我们厦门大学的百年校庆，深感荣幸，这确实也具有格外深刻的含意。

目前，我在厦门大学哲学系做博士研究，以我的年龄来跟我的同级甚至上几级的同学比较，我差不多可以当他们的叔伯了，当然在学习、记忆、体力等方面都不如这些小年轻，但是跟他们一起学习我感到十分快乐，这也让自己有一种重回年轻时代的感觉，更在我的生命中增添一些青春的活力元素，甚好。也让我在累积二十年的社会实践后，重新回到校园来沉淀一下自己，趁着这段时间好好地再内化自己的心性与学问，以期四年后能够更上一层楼。当然，虽然我人在台湾，但无时无刻不心系国家及世界的发展动态，尤其近十年来愈加深刻地体会到当初自己两次错失回到祖国大陆发展的机会是非常可惜的。因此，当这次机会再次来临时，内心酝酿已久的我即刻下了决心，为了孩子的未来，为了我的学业及事业，为了我的家庭和乐美满，为了回到老家上香祭祖，必须排除万难一定要回来发展，并且走完我人生的后半旅程。

国内近35年来有着重大的转变，经过几代领导人正确且睿智的掌舵，今日中国正在奋起。还记得毛主席在1958年提出了"超英赶美"的口号，虽然在时程上略有延迟，但在近几代领导人的苦心经营下，目前确实已然达到"超英赶美"的程度。我以台湾同胞的角度回头看一下过去几代领导人的政策：从改革开放路线，开展社会主义现代化建设事业，并且取得了巨大的成功，到汪辜会谈、九二共识，颁布《反分裂国家法》，加强两岸交流，再到目前"一带一路"倡议、积极捍卫国家主权、文化发展、培育和践行社会主义核心价值观、实现中国梦，以及两岸经济一体化并加速推动祖国统一的进程等这些重大政策，已经充分表现出一个世界强国发展的高度与格局。就我个人的观点来看，中国在整体国家经济的发展与重大建设上已取得极大飞跃，相信在未来各方面必能居于世界领先地位，而台湾问题也会获得解决。

我对国家的发展具有十足的信心，现在不仅是我个人过来念博士或是发展未来的事业，我已计划明年将老婆小孩全部接来大陆生活。孩子明年暑假刚好小学六年级毕业，目前我已积极地在厦门及杭州帮她打听相关的学校，期望在明年，即2022年能够顺利进入初中就学。目前我的学业在厦门，但未来我的事业应该会落脚杭州，我会为了自己的人生规划积极努力去实现未来的梦想。很庆幸地，我现在搭上了这艘满载全国人民凝聚力的中国巨轮，它即将远扬，乘风破浪地去开创一个全新未有的新世界。甚幸且赞叹！

幸逢盛世，吾辈当不负盛世

经济学院　经济学大类　2021级本科　台湾　邱楚芸

回首百年奋斗路，不忘为国奉献之先烈

2021年，是中华人民共和国成立72年，是中国共产党风华正茂的百年。

我们幸逢盛世，有幸可以通过学习历史、看电影电视剧，深刻地感受到国家这些年来发展的不易与曲折。回首百年，国家发展的征程波澜壮阔，中国人的初心历久弥坚，一百年见证了中国从山河破碎走向繁荣富强。翻阅前人牺牲流血所谱写的历史，一字一句，我看到了中国革命者为国家发展的呕心沥血，我看到了中国军人为镇守国土保家卫国的壮烈牺牲。我无法想象，先辈们是怎样地抛头颅洒热血，才染成了整片神州大地的红。

近几年，像《觉醒年代》《革命者》《八佰》《长津湖》等讲述中国革命先烈为国家发展牺牲自己的影视作品层出不穷。

不久前去看了《长津湖》，走出影院后，我的心情仍久久不能平复，是对肆无忌惮的侵略者的愤怒，更是对先烈无畏牺牲的敬意与感恩。他们上战场，不是为了自己，而是为了国家的未来，为了他们的后辈能过上没有硝烟的生活。其中有一段话让我感受颇深，"这场仗如果我们不打，就是我们的下一代要打。我们出生入死，就是为了他们不再打仗"，"我希望我们的下一代能够生活在一个没有硝烟的世界"，他们也是孩子，他们也是父母，但这就是中国人，这就是中国军人宁可头破血流也要保家卫国，他们不是生来勇敢，而是选择无畏，因为他们冲向了战场，所以如今的我们可以与家人安心地吃团圆饭，我们可以吃上热乎乎的土豆，我们也可以不用再害怕硝烟四起，因为我们身后是先辈出生入死铸造的强大的新中国。

　　先辈们，如果你们问："百年后，中国可好？"我会以自豪的姿态告诉你们："山河犹在，国泰民安，这盛世如你们所愿。"我也想带你们在这繁华的街道上走走，想让你们亲眼看看这里的灯火辉煌。

迈向复兴新征程，争做为国奋斗之新青年

　　今年是2021年，是我们的十八岁，是我辈新青年以梦为马的韶华。

　　以青春的视角回望百年，这何尝不是以青春之我创造青春之国家，以奋斗之我追梦圆梦的一百年？《人民日报》曾写道："高举马克思主义思想火炬的一群新青年，在风雨如晦的中国苦苦探寻民族复兴的前途；平均年龄只有22岁的红军队伍，在长征路上守关夺隘、奋勇向前；年轻的科学家和工程师连续奋斗、埋头攻关、托举科技梦想；无数青年党员与老百姓有盐同咸、无盐同淡，谱写新时代青春之歌……"是啊，一代人有一代人的使命，一代人有一代人的担当。作为新中国的新青年，我们幸逢先辈们流血牺牲换来的山河无恙，我们应该肩负起实现民族伟大复兴的使命，我们应该将我们的热血挥洒在祖国大地，以青春之我为民族复兴铺路架桥！

　　如果有人问，"这一代青年能做到吗？"我的答案是一定能。不仅是因为良好的教育引导，更是因为这是中国人生来就具备的属于中华民族的血性。当今国家对历史普及的重视让我更加坚定了我的答案，毕竟历史就是最好的教科书。身处在和平年代，我们或许不用做出像先辈那样头破血流的牺牲，但我们奋斗的道路也不会一帆风顺，要克服许多的新困难，愿我们不负韶华，在砥砺前行中激扬青春的力量，谱写属于我们与祖国的篇章！

　　我们为昨日中国之苦痛而满目苍茫，所以我们铭记先烈不忘国耻；我们为今日中国之富强而热泪盈眶，所以我们热爱祖国、珍惜当下；我们为明日中国之辉煌翘首以望，所以我们不忘初心为国奋斗。他们踏荆棘而来，倒在泥泞之中，而后人踏着他们开辟的道路，让祖国繁荣昌盛。我们未经历百年前的磨难，但我们幸逢盛世，我们当以最庄重的姿态，向中国革命者致敬，如今，我们肩负的是国家的未来，我们更当以坚定的信念，将这盛世延续下去。

　　最后，将最美好的祝愿送给我风华正茂的祖国！

百年寻根

经济学院　国际商务　2019级本科　台湾　王宥心

　　总有股力量在记忆的一角，时而涌起深深的渴慕，渴望走近，与它邂逅。2019年5月，我持厦门大学的面试通知以及期待又忐忑的心，初赴祖国大陆，一排排红红的简体字招牌闯入眼帘，心中不由得感到陌生与畏惧。待到9月初，炎炎夏日之下，日头晃晃，晒昏了眼，想家的思绪油然而生。一个人出走，来到一片全新的土地，这想家的惆怅情怀，是否与爷爷当时只身来台的乡愁有几分相似？

　　虽过年团圆之于中华传统为之大矣，我却因新冠病毒肺炎疫情而苦无寄身之处，在一通从湖北打来的电话后，我买了张机票，连夜收拾行李，准备回湖北，才突然想起爸爸曾经说过的，当时的爷爷一听到开放大陆返乡探亲，也是连夜收拾行李，从开放探亲的那一刻，喜悦的心情代替每晚担忧远方的情绪，又让他"辗转难眠"，兴奋得睡不着。

虽不是昂贵的酒店年菜，但每一口都是温暖的亲情

　　一晃眼到武汉，作为客人的我带着从厦门买的台湾名产，却发现亲戚们迫不及待地把准备给我的礼物提到了机场，大妈朝着我挥手，眼角浮起两扇超大的鱼尾，从他们的眼中都能看到满溢的喜悦与欢迎，或许亲情就如此吧，即便我未曾与他们相见，却总是热情、亲切。

　　新年，走过一条已经破落古旧的街巷，只有佝偻缓慢的老人和偶尔传来的孩童嬉闹，好似哪部黑白电影的静谧画面，腐朽的木造二楼建筑，墙面早已斑驳，木头的漆面在悠悠的岁月里已然褪色暗沉，爷爷曾经生活过的老房子就伫立在草木横生的王家边。旧日的热闹已不复存在，居民转而至都市生活，空旷的土地上独留一栋矮房，是亲戚为了等我回来道别而舍不得拆迁。我踏着旧足迹，沿着曾经陪伴爷爷年少岁月的老房子，重温早已逝去的时光，我伫留在墙外，轻轻抚摸冰冷冷的白墙，想象她的少女风华，陪伴爷爷无忧无虑的儿时岁月后，走入沧桑暮年，在夕阳的余晖之中渐渐隐没在历史长廊的彼端。

王家边的老家

　　长江亦是陪伴爷爷年少岁月的地方，我也到了武汉的长江边，看龟山电视塔与江汉步行街相对凝望，见脚下滔滔长江滚滚流向太平洋，用行书写他的随性浪漫，用草书写他狂舞和逼人的壮阔。在江边看着五颜六色的货柜，远方传来响彻云霄的鸣笛声，想象爷爷不在的日子里，长江带来了武汉的繁华，爷爷离开后的日子，虽没能看到武汉众志成城、齐心抗疫的景象，但夜晚江堤两岸大楼的灯光秀却把当时的勠力同心的精神流传了下来。

长江边灯光秀格外迷人

在武汉这个喧嚣繁华的城市里，仿佛进入时光的穿越剧，就在一步之间，坐落武汉一方角落的黄鹤楼，是走过世纪的沧桑遗老，挺过炮火、走过战争，仍旧辉煌，万篇在黄鹤楼写成的经典，文人们在黄鹤楼登高望远、思乡念家。婶婶们说，当初曾爷爷每天清早都到黄鹤楼的制高点，想找到儿子的身影，从早至晚，自夕阳待到华灯初上，始终没能等到爷爷归来。时隔四十年，爷爷也来到了相同的地方远观，也没有等到想见的人，而今，我也站在七十年前相同的位置，轻履千年来累积的足迹，或许心中也在等一个想见却见不到的人，一个人鸟瞰这座城，泪光里武汉市渐渐模糊。

我与黄鹤楼

我的侄子们在湖北过得很好

　　在中华人民共和国成立70周年之际，我来到如此紧密却又如此疏远的祖国大陆，又在中国共产党建党百年之际回到既熟悉又陌生的故土。我的寻根故事，因而变得格外特别而富有意义。第一次回家也是我第一次在电暖桌边看春晚，第一次与家人相聚，我把爷爷在台湾的故事带回湖北，重组、还原，踏着爷爷的足迹，寻根。爷爷在世时总担心在湖北的亲人们过得不好，但在中国共产党的领导下，大家成为认真努力追求自我生命价值的人，没有浮华绚丽，没有愤恨激越，始终真挚、诚实、温柔、友爱，在历史的光辉中写下不朽与辉煌。对我而言，没有寻根，生命将不容易获得一次高度，没有高度也就没有眼界，没有眼界便成就不了心中的丘壑，当然就没有改变。百年来，中国共产党带领我们飞越不曾攀登的高峰，领略生命种种的况味，愿来年能以微小之力为中华民族伟大复兴与祖国的繁荣昌盛尽一分心力。

百年征程，我们在路上

经济学院 财政专业 2019级本科 香港 刘凯欣

一声炮响响彻神州大地，
一个特别的声音飘向中国，
一群人点燃了新的火种，照亮了黑暗的道路。
一把镰刀和一个锤头将我们紧紧地联系在一起。

1949年，
一声怒吼响彻神州大地。
胜利的钟声飘向远方，
四万万人站了起来，
古老的东方爆发出一声呐喊——
新中国成立了！

当冰封的河谷开始解冻，
埋藏地下的种子长出新的嫩芽，
当世间万物从寒冬中走来，
我们的先辈用双手修复昔日的破损。

一群人，
摘下胸章，迎着冷风，
雄赳赳气昂昂跨过鸭绿江。
一群人，
背上行囊，拿起干粮，逆光而行，
揣着全国的挂念前往灾区。

一群人，
考察、争论、忐忑不安又满怀希望，
拉开改革开放新发展新序幕。
一群人，
数着秒针，面色严肃，心情却澎湃不已，
见证耀眼明珠回归母亲怀抱。
一群人，
围坐电视前，内心自豪，带着骄傲，
欢呼鲜红国旗随着国歌升起。

沉睡的东方雄狮抬起头颅，摘下了被嘲笑的名字。
尘埃遮盖的宝石露出面容，散发出惊人的光芒。
新中国在一代又一代的掌舵者手里乘风破浪，
共产党在一次又一次的艰难阻碍中披荆斩棘。

我们的先辈高举希望，点燃了社会主义的火种。
如今，我们接过时代的接力棒迈向伟大复兴新征程。
我们是时代的接班人，
我们是青春的造梦者，
自强不息，荒漠中造出沙洲；
迎难而上，汪洋中开出道路。
在新的征程上，
我不是赤手空拳，
以梦为马，我已备好行囊；
以志为图，我可寻梦远方；
以才为器，我能大展拳脚。